Émilie BONDY

Améliorer sa productivité au travail

Devenir efficace et productif au travail en peu de temps

SOMMAIRE

INTRODUCTION

• •

• •

Vous connaissez le problème : les distractions, les interruptions constantes, les sonneries diverses qui retentissent tout autour, l'aspiration de l'écran, les textos sous la table pendant les réunions, la surcharge des circuits mentaux et les fréquents sentiments de frustration à l'idée de tout faire bien et à temps. Tel est le contexte moderne dans lequel la plupart d'entre nous travaillent. Que ce soit le lieu de travail lui-même ou les multiples demandes de votre temps vous poussent à la distraction, le but final est le même. Vous n'arrivez plus à vous concentrer sur quoi que ce soit au travail, et cela se répercute sur vos performances et votre sensation de bien-être.

Si je suis tout à fait d'accord pour dire que nous sommes confrontés à des forces jamais vues auparavant, et que le lieu de travail moderne présente des distractions importantes, je sais aussi que tout le monde peut apprendre à modérer les distractions et la surcharge de travail pour mieux les contrôler tout en devenant plus heureux, plus sain et plus productif.

Maintenant, la question ultime à nous poser est comment vraiment améliorer son travail ? Quelles sont les solutions ou les étapes à suivre pour vraiment améliorer son travail ? Si vous êtes parvenu à cette partie de l'introduction c'est que vous avez vraiment envie d'être plus productif et plus efficace. Je suis ravie de vous dire que ce livre est pour vous.

La Première partie du livre énumère six distractions que nous rencontrons souvent au travail et comment les éviter. La deuxième partie est chargée d'améliorer votre communication , et pour finir, la troisième partie regorge de conseils sans précèdent qui visent à l'amélioration de votre travail afin de vous aider à cultiver la discipline.

Sur ce, bonne lecture.

PARTIE I : SIX DISTRACTIONS AU TRAVAIL ET COMMENT LES EVITER

• •

• •

Chapitre 1 : Arrêtez de jouer au héros

Êtes-vous nerveux avant même d'arriver au travail ? Vous redoutez de franchir la porte ? Vous souffrez peut-être du syndrome du super héros et de l'accablement. Si vous avez assumé plus de travail ou si vous avez l'impression de porter la responsabilité de tout le département, il est temps de trouver une nouvelle perspective. En outre, vous vous exposez à un stress chronique, dont les conséquences sont de multiples symptômes physiques et émotionnels tels que l'hypertension, l'anxiété, les urgences chroniques, les rhumes fréquents, le côlon irritable et d'autres problèmes intestinaux.

« *Soyez franc avec vous-même sur ce que vous pouvez vraiment supporter.* »

Si vous êtes du genre à vous donner à fond tous les jours, vous devez peut-être apprendre à faire la différence entre se pousser à bout et se dépasser. Sachez que votre « 100% » varie d'un jour à l'autre et en fonction des situations et des emplois. Il est indispensable de savoir de combien de jus vous disposez, puis de prendre la décision critique de savoir de combien vous avez besoin pour vous-même et ce qui correspond le mieux à vos priorités les plus élevées. Savez-vous quelle est la chose la plus importante sur laquelle vous devriez vous concentrer ? Cela fait partie des conséquences du stress chronique, un manque de clarté dû à un sentiment chronique d'urgence.

« *Prenez 5 à 10 minutes par jour pour planifier.* »

Tenir un plan écrit vous aidera à rester focalisé lorsque des distractions se glisseront dans votre journée. Utilisez votre plan pour vous remettre en phase avec ce qui est le plus important. Réglez un minuteur, inscrivez ce temps de planification dans votre calendrier, éteignez votre téléphone, fermez la porte et accordez-vous 10 minutes. Respirez profondément, buvez une gorgée d'eau, puis réfléchissez à ce qui est le plus important pour vous. Écrivez-le.

« *Demandez de l'aide ! C'est en fait une prise de pouvoir déguisée* »

John Donne, un poète britannique du 17e siècle, a écrit : « Aucun homme n'est une île ». Je dois souvent me répéter ce mantra car je suis une personne très indépendante, surtout lorsqu'il s'agit du travail. Cependant, j'ai appris au fil des ans qu'on ne peut pas être un ranger solitaire. Vous avez besoin de vos collègues ; apprenez à travailler en équipe ; Apprenez à déléguer des tâches qui peuvent aider d'autres personnes à s'épanouir. Y a-t-il quelqu'un qui a besoin d'un défi ou de s'exercer à faire quelque chose ou qui a peut-être besoin de se sentir plus valorisé ? Demandez-lui de vous aider à faire avancer les choses. Chaque fois que vous pouvez aider quelqu'un d'autre à se développer, c'est un gain pour vous, pour la personne et pour l'entreprise.

« Dites non au super-héros qui sommeille en vous. »

Vous avez été embauché pour faire un certain travail. Vous arrive-t-il souvent de vous occuper aussi du travail des autres ?

S'il est important d'accepter la délégation et d'avoir l'esprit d'équipe, vous n'êtes pas forcément une mauviette. Apprenez à dire non. Cela peut être difficile pour les personnes qui sont « gentilles » et « serviables ». Ces personnes se sentent obligées d'intervenir et de sauver les gens. Le besoin de maintenir cette image peut vous entraîner directement dans l'accablement si vous ne savez pas dire non quand c'est nécessaire.

La culpabilité est-elle la seule émotion qui guide vos décisions ? Savoir ce qui est important et en accord avec vos objectifs ultimes vous aidera à vous concentrer. Les super-héros recherchent généralement l'approbation de tous les mauvais endroits, en espérant que quelqu'un leur dira qu'ils sont « assez bons ».

Et ce n'est généralement même pas une pensée consciente, ce qui rend le changement plus difficile ! Si vous êtes accro à l'occupation ou à l'approbation, vous avez tout intérêt à développer votre conscience de vous-même. Que se passe-t-il vraiment sous la cape de votre super héros ?

Le surmenage est la conséquence d'un manque d'identification des émotions et de leur engorgement, créant un sentiment de pression, de confusion et même de chaos. Il existe de nombreuses options pour éliminer les distractions et se concentrer sur soi.

Chapitre 2 : Comment contrôler vos appareils électroniques pour qu'ils ne vous contrôlent pas

De nombreuses personnes, y compris des dirigeants, sont aux prises avec le vice des appareils - ou ce que l'on appelle autrement le temps qu'ils passent dans le trou noir de ces technologies en constante évolution. Bien que ces appareils jouent un rôle en nous aidant à rester connectés sur le plan personnel et en nous soutenant de diverses manières sur le plan professionnel, beaucoup de gens m'ont dit qu'ils avaient du mal à gérer leur temps par rapport à leurs appareils. Certains dirigeants disent qu'ils se sentent carrément accrochés à leurs Smartphones, iPhones et autres technologies similaires. À leur décharge, il est vrai qu'il peut être très difficile de trouver un équilibre entre le moment et la manière d'utiliser ces appareils. Mais tout se résume à ceci : vous voulez contrôler ces appareils car si vous ne les contrôlez pas, ils peuvent vous contrôler.

La plupart du temps que nous passons sur notre téléphone n'est pas un choix mais une manipulation, créée par les sociétés d'applications pour nous faire revenir pour nous engager dans leur création aussi souvent que possible. Cela se fait en créant une habitude. De bonnes habitudes pour les sociétés d'applications, de mauvaises habitudes pour nous.

Je voudrais faire une pause ici et dire que c'est une mauvaise habitude pour nous seulement si nous ne choisissons pas cette action.

Si vous choisissez consciemment d'ouvrir votre téléphone, que ce n'est pas par habitude, et bien continuez. Je parle de toutes ces fois où, hors de notre contrôle, nous ressentons l'envie d'ouvrir le téléphone et de faire défiler l'interminable flux de médias sociaux.

Pour pouvoir reprendre le contrôle, il faut briser le cycle. Commencez par diminuer le temps pendant lequel vous n'avez pas besoin de consulter votre téléphone, le temps où votre cerveau devrait simplement s'interroger, apprécier le moment. Ce temps est généralement celui où vous vous ennuyez. Je sais que cela semble contre-intuitif. Les psychologues s'inquiètent du fait que nous ne luttons plus contre les moments lents et ennuyeux.

« Nous essayons d'éteindre chaque moment d'ennui dans nos vies avec des appareils mobiles », explique Sandi Mann, psychologue à l'Université de Central Lancashire. « Cela peut nous soulager temporairement, mais cela éteint la réflexion plus profonde que peut susciter le fait de fixer le marasme. »

Dans des moments comme l'attente chez le médecin, les trajets domicile-travail, la file d'attente à l'épicerie, la descente de l'ascenseur, notre téléphone nous occupe, nous permettant de nous évader, il est devenu un bouche-trou pour ces moments ennuyeux que nous ne devrions pas remplir.

Commencer par les petits moments d'attente en posant les téléphones et en « rêvassant » peut s'avérer très utile, car notre cerveau aime les moments d'ennui. L'ennui stimule la créativité. Le fait d'être dans un état d'ennui nous encourage à explorer des pistes créatives, car notre cerveau nous signale que notre situation actuelle nous fait défaut et que nous devons aller de l'avant. Je vais vous montrez comment reprendre le contrôle de vos appareils.

- ***Respirez***

Si vous êtes toujours avec moi, vous vous demandez probablement si, face à un moment d'ennui, mon téléphone est ma meilleure option. Mais ce n'est pas nécessairement vrai - avant d'avoir un téléphone, vous aviez vous-même, concentrez-vous sur vous-même, commencez par votre respiration. Cela peut paraître idiot mais ça ne l'est pas, car la respiration vous permettra de faire le vide dans votre tête, de reprendre le contrôle, de choisir votre action.

- ***Supprimez les applications qui vous distraient***

Il est facile de tomber dans le « trou de défilement » des applications de médias sociaux comme Facebook, Twitter, Pinterest et TikTok. Même les sites professionnels comme LinkedIn peuvent vous faire perdre du temps. Examinez vos applications les plus utilisées et voyez si vous pouvez vous en sortir en les supprimant de votre téléphone. Ou bien, déplacez-les de votre écran d'accueil pour être moins tenté de les utiliser. Vous pouvez également fixer des limites de temps sur certains appareils intelligents, afin de ne pas dépasser un certain nombre d'heures chaque semaine.

- ***Laissez votre téléphone dans une autre pièce***

Lorsque vous travaillez à la maison, il peut être beaucoup plus facile de vérifier votre téléphone que si vous étiez au bureau avec votre patron à proximité. Lorsque vous devez effectuer des périodes de travail concentrées, envisagez de laisser votre téléphone dans une autre pièce. Regardez votre productivité monter en flèche et votre tentation de vous distraire disparaître chaque jour où vous le faites.

- ***Suivez votre utilisation***

Choisissez une journée moyenne et notez combien de temps vous avez passé à utiliser vos différents appareils - et sur quoi en particulier, email, médias sociaux, jeux, applications, etc. Ensuite, sur ce temps suivi, examinez combien de ces minutes ou de ces heures ont contribué à vos objectifs vitaux et combien n'y ont pas contribué. Parmi ces activités, notez celles qui ont soutenu ou ajouté de la valeur à votre vie et/ou à votre travail - et celles qui ne l'ont pas fait. Ne vous jugez pas ici - obtenez simplement les statistiques et notez les faits.

Chapitre 3 : Apprendre à dire non

Dans le monde du travail d'aujourd'hui, dire oui à tout n'est pas une chose réaliste - ni saine. En sachant dire non de la bonne façon, vous pouvez réduire votre degré de stress et faire avancer votre carrière, sans brûler un seul pont.

Pourquoi le mot « non » est-il si dur à dire au travail ? Il s'agit d'un mot très simple, d'une seule syllabe, et pourtant, trop souvent - même lorsque nous sommes brutalement débordés - beaucoup d'entre nous sont incapables de le prononcer. De peur de paraître fainéant, peu serviable ou conflictuel, la réponse réflexe au bureau est toujours un « oui », même si nous savons que c'est une recette pour l'épuisement. Mais la vérité est que le fait d'éviter le « non » peut avoir des effets néfastes sur tout, de notre santé physique et mentale à notre progression de carrière.

Peut-être devrions-nous plutôt suivre les conseils du célèbre investisseur Warren Buffet, qui a dit : « La différence entre les personnes qui réussissent et celles qui réussissent vraiment, c'est que ces dernières disent « non » à presque tout ».

Si vous voulez vraiment avoir du succès sur le lieu de travail - en tant qu'individu et en tant que membre d'une équipe - vous devez savoir quand, et surtout comment, dire non. Et le faire d'une manière qui non seulement vous permettra de réussir, mais pour laquelle les autres vous aimeront.

Selon le Dr Scott Bea, psychologue, professeur adjoint de médecine à la Cleveland Clinic (Ohio) et grand spécialiste du pouvoir du « non », nous pourrions nous exposer à des maladies physiques en répondant trop souvent « oui ». Le Dr Bea, qui a passé des années à faire des recherches sur le sujet, cite les symptômes physiques du stress, comme les douleurs musculaires et les troubles gastro-intestinaux, ainsi que les dommages psychologiques causés par le fait de dire « oui » trop souvent.

« Imaginez que vous portez un ensemble de bûches dans vos bras », dit le Dr Bea. « Il va y avoir une bûche de trop à un moment donné, et elles vont commencer à tomber par terre. Essayez de remarquer si des tâches disparaissent de votre radar ou si vous ratez des échéances. C'est un signe clair que vous en faites trop et que vous devez prendre du recul. » Si vous aviez dit « non » à cette dernière bûche, bien sûr, aucune des autres ne serait tombée.

C'est dans la nature humaine de vouloir dire « oui » aux autres - nous sommes des créatures sociales après tout. Mais si nous le faisons tout le temps, nous courons le risque très réel de laisser tomber ces bûches encore et encore. Une étude récente de l'université de Stanford a révélé que la productivité horaire diminuait fortement lorsqu'une personne travaillait plus de 50 heures par semaine. En outre, les chercheurs ont constaté que les personnes qui travaillaient jusqu'à 70 heures par semaine ne parvenaient à accomplir que la même quantité de travail que celles qui travaillaient 55 heures. En bref, le fait de porter trop de bûches, c'est-à-dire de ne pas dire « non » à des tâches supplémentaires, entraîne une perte de temps, d'énergie et de ressources.

Il est incontestable que le mot « non » peut être inconfortable à dire - aux collègues, aux supérieurs et surtout aux clients. Mais depuis quand le fait de rester dans sa zone de confort aide-t-il quelqu'un à réaliser ses objectifs ? Nous avons interrogé certains des plus grands psychologues d'affaires, coachs de carrière et experts en étiquette du monde pour établir les règles ultimes pour dire « non » correctement. Lisez la suite pour savoir comment transformer un point négatif perçu en un point positif majeur, afin de vous conduire, vous et votre équipe, vers un plus grand succès. Nous allons vous enseigner ce qu'il faut faire et ne pas faire pour dire « non » au travail

Ce qu'il faut faire :

I. La confiance dans la chaîne

La façon dont vous vendez votre « non » est essentielle. Un « non » constructif lorsque vous êtes débordé vous permet de faire preuve de professionnalisme, tout en soulignant la valeur de votre temps. Idéalement, vous devez dire ce « non » avec clarté, amabilité et respect - et le faire avec confiance pour éviter de déformer ou de diluer votre message. Il est primordial d'être confiant lorsque vous prononcez votre « non », explique Dave Knight, coach de vie certifié et animateur du podcast Sunday Settler. « Si vous êtes positif et sûr de vous, vous montrez que vous vous appréciez, que vous accordez de l'importance à votre temps et à votre travail. En vous focalisant sur ce point positif, vous diminuerez les possibilités de mécontenter qui que ce soit. » Gardez votre réponse brève et concentrez-vous sur la raison pour laquelle vous dites non : c'est parce que vous vous êtes engagé à fournir une qualité optimale pour votre charge de travail existante. Dites-leur donc exactement cela - et faites-le avec confiance.

II. Répétez à l'avance

Bien évidemment, vous ne savez jamais quand une requête difficile va arriver, mais cela ne veut pas dire que vous ne pouvez pas être préparé, avec une liste de réponses utiles sauvegardée en lieu sûr. Selon la sociologue Christine Carter, de l'université de Berkeley, « lorsque nous établissons un plan spécifique avant d'être confrontés à une demande, nous sommes beaucoup plus susceptibles d'agir par la suite d'une manière conforme à nos intentions initiales. »

Alors préparez le terrain dès maintenant, en écrivant à l'avance quelques lignes à consonance professionnelle, comme : « Merci d'avoir pensé à moi, mais j'ai un emploi du temps surchargé en ce moment » ou « Je vais y réfléchir, mais je suis déjà sur des projets A et B en ce moment ». Cette méthode peut être particulièrement efficace pour dire « non » à un supérieur, ce qui peut être plus difficile que de le dire à un collègue.

« Je recommande souvent aux gens de noter à l'avance ce qu'ils vont dire », explique Susy Roberts, coach de dirigeants et fondatrice du cabinet de conseil en développement personnel Hunter Roberts. « Quelle que soit la situation, écrire à l'avance ce que vous voulez dire peut vous donner de la clarté - et cela vous aidera à faire passer votre message avec succès. »

En plus de répéter votre texte, Rebecca Knight, dans la Harvard Business Review, suggère de s'entraîner à dire « non » à haute voix dans l'espoir que cela devienne plus facile.

III. Donnez une raison et soyez bref

Le meilleur « non » est toujours accompagné d'un « pourquoi » - et l'astuce est de le garder succinct. En étalant tout votre calendrier, vous courez le risque que d'autres projets ou échéances soient remis en question. Résumez au contraire vos priorités actuelles de façon claire. « Il n'est pas indispensable d'entrer dans des détails trop longs, et il ne faut surtout pas être trop personnel », dit M. Roberts. « Mais une raison brève et valable est toujours nécessaire pour que les gens puissent comprendre la raison de votre « non » ». Dans la pratique, une simple phrase comme « J'ai un projet X qui est hautement prioritaire pour la livraison et qui ne sera pas terminé avant Y jours » fera parfaitement passer votre « non ».

IV. Soyez empathique et compatissant

C'est toujours une excellente stratégie de reconnaître que votre "non" peut créer plus de problèmes à la personne qui le demande. Le simple fait d'ajouter une phrase comme "Je réalise que ma décision implique que ce poste va être remis entre vos mains" peut faire toute la différence, vous faisant passer pour un allié plutôt que pour un adversaire. La pire tactique consiste à ne pas les reconnaître du tout. En d'autres termes, ignorer leur proposition et espérer qu'ils comprendront. "Ne pas répondre n'est pas une option professionnelle", déclare David Grieve, coach certifié en hautes performances. "Cela indique que vous ne montrez aucune empathie ou priorité à la personne qui fait la demande - et cela n'aide ni l'un ni l'autre à court ou à long terme." Au lieu de cela, réagissez rapidement - et reconnaissez toujours la position de l'autre personne.

V. Montrez-vous reconnaissant d'avoir été sollicité

Dites toujours très clairement que vous êtes reconnaissant qu'on vous le demande. N'oubliez pas que si quelqu'un vous assigne des tâches, cela signifie qu'il a confiance en vous et en vos capacités. Et cela mérite en soi une certaine reconnaissance. Faites-lui savoir que vous êtes ravi d'être considéré - après tout, vous voulez garder la porte ouverte à de futurs projets plus faciles à mener. La meilleure façon de manifester votre gratitude est de dire des choses comme « Ça a l'air vraiment passionnant » ou « J'apprécie que vous ayez pensé à moi pour ce projet ».

VI. Peser le coût et les avantages de dire « non ».

Une bonne maîtrise de la gestion du temps consiste en partie à savoir comment utiliser son temps de la meilleure façon possible. S'agit-il de finir votre tâche ou d'aider votre collègue ? Cela dépend de la situation.

Dire « oui » à tout, même si c'est rapide, interrompt votre concentration et votre capacité à travailler en profondeur. Et quelle que soit votre volonté d'aider, il arrive que vous n'ayez tout simplement pas les compétences nécessaires pour mener à bien une tâche. Toutes les tâches ne sont pas des tâches que vous pouvez ou devez accomplir.

D'un autre côté, aider peut consolider le lien entre vous et votre/vos coéquipier(s), ou même vous aider à améliorer vos compétences.

Toutes les situations ne sont pas noires ou blanches et vous devrez peser les coûts et les avantages potentiels d'accepter (ou de refuser) d'effectuer une tâche.

VII. Préparez-vous à un éventuel retour négatif

Peu importe à quel point votre « non » était gentil et rationnel, certaines personnes ne le supporteront pas, surtout si c'est la première fois que vous fixez des limites.

Soyez préparé mentalement à cette option et sachez que cela n'a rien à voir avec vous.

Comme l'a dit Holly Weeks, l'auteur de Failure to Communicate, pour la Harvard Business Review, « Vous pouvez influencer la façon dont l'autre personne réagit, mais vous ne pouvez pas la contrôler ». Les (ré)actions des autres ne sont pas de votre faute - chacun est responsable des siennes.

Ce qu'il ne faut pas faire :

I. N'entrez pas trop dans les détails

Vous devez, bien sûr, justifier votre refus, mais vous n'avez pas besoin d'entrer dans les détails. Vous n'avez pas besoin de leur raconter toute l'histoire de votre vie. « Je suis désolé, mais mon supérieur m'a donné une autre charge et je travaille déjà sur un gros dossier et j'ai du mal à tout finir et je ne rentre jamais à la maison avant 20 heures et je suis trop fatigué pour cuisiner alors je vis essentiellement de café et de plats à emporter et... », c'est trop.

« Merci de m'avoir contacté, mais je dois terminer le projet prioritaire sur lequel je travaille, donc je ne pourrai malheureusement pas vous aider », c'est juste assez.

II. Ne vous excusez pas trop

Ne dites pas « Désolé » trop souvent. En fait, il est mieux d'éviter de le dire et de le transformer en « merci » chaque fois que c'est possible. Par exemple, dites « Merci pour votre patience » au lieu de « Désolé d'avoir attendu ».

III. Ne vous sentez pas obligé de répondre immédiatement

Si une situation est complexe, vous n'avez pas besoin d'avoir la réponse tout de suite. Vous pouvez prendre le temps d'y réfléchir, d'évaluer toutes les options et de consulter votre agenda.

N'ayez pas peur de dire « J'ai besoin d'un peu de temps pour y réfléchir, puis-je vous recontacter ? »

Ne donnez pas de faux espoirs de changer d'avis.

Si vous savez déjà quelle sera votre réponse, n'attendez pas pour la donner. Ce sera plus difficile avec le temps, surtout si vous êtes une personne inquiète - mais même si vous ne l'êtes pas, cette charge mentale ajoutera un stress additionnel.

De plus, c'est aussi plus juste pour l'autre partie, car elle aura plus de temps pour trouver quelqu'un d'autre.

- ### Conseils supplémentaires pour des situations spécifiques

Puisque nous avons passé en revue les principes de base, voici quelques conseils supplémentaires sur la façon de dire « non » dans des situations professionnelles spécifiques.

Dire « non » à votre patron

Dire « non » à son patron peut être compliqué. Après tout, il est très intimidant de refuser quelqu'un qui peut vous faire virer.

La meilleure façon de s'y prendre est de parler des préférences.

Remerciez-le d'avoir pensé à vous - c'est bien qu'il veuille vous faire participer à des projets nouveaux et passionnants.

Expliquez ce sur quoi vous travaillez actuellement et comment le fait de prendre des projets supplémentaires va affecter vos projets actuels.

Demandez quels projets doivent être prioritaires.

Cela peut ressembler à ceci : « Merci d'avoir pensé à moi pour ce projet. Si c'est une priorité, je peux commencer à travailler dessus dès maintenant, mais cela repoussera de deux mois la date limite de [le projet sur lequel vous travaillez actuellement]. »

Dire « non » à un collègue de travail

Beaucoup de gens ont du mal à dire « non » à leurs collègues parce qu'ils ne veulent pas être perçus comme des idiots qui ne veulent pas aider un collègue en difficulté. Vous pouvez éviter cela en étant aussi honnête que possible.

Si vous n'avez aucune expertise dans un projet qu'on vous demande de prendre en charge, dites-le.

Si vous mentez et que vous vous faites prendre - par exemple, si vous dites que vous êtes « trop occupé » et qu'on vous voit ensuite accepter d'autres projets - cela nuira à votre relation.

Si vous décidez quand même de mentir (je ne peux pas vraiment vous dire ce que vous devez faire, n'est-ce pas ? Les personnes occupées ne prennent pas de longues pauses café et ne rient pas de vidéos de chats au bureau.

Dire « non » à vos employés

Je crois qu'il est important de suivre vos directives à la lettre pour qu'un projet réussisse. Mais dire catégoriquement « non » aux suggestions de vos employés ne crée pas vraiment une atmosphère de travail positive. En revanche, remerciez-les pour leurs suggestions et essayez d'expliquer pourquoi vous faites les choses comme vous le faites. Essayez de transformer ce « Non » en « Pourquoi ».

Dire « non » au travail n'est pas facile, mais c'est souvent nécessaire. Tout comme dans la vie privée, vous devez fixer des limites et vous défendre ; cessez de vous excuser à outrance et de succomber à la pression de faire passer les besoins des autres avant les vôtres.

C'est une compétence qui s'acquiert avec le temps. Il y a des choses que vous pouvez faire pour vous aider, comme proposer des alternatives et reconnaître l'autre personne - mais c'est en forgeant qu'on devient forgeron.

Chapitre 4 : Evitez le multitasking

De nos jours, nous sommes censés travailler dans des environnements très perturbés. Nous nous asseyons à notre bureau, nous allumons notre ordinateur et nous sommes immédiatement bombardés de centaines de mails qui se disputent notre attention.

Nos téléphones émettent des bips et des sonneries avec de nouvelles alertes de messages, d'appréciations et de commentaires et nos collègues se plaignent de la dernière initiative de l'entreprise visant à nous faire travailler davantage et à nous faire passer moins de temps à la maison. Toutes ces distractions nous amènent à faire du multitâche, notre attention passant d'une crise à l'autre. Le multitasking est un problème. Mais comment l'arrêter ?

Tout d'abord il est important de savoir comment le multitasking peut avoir un mauvais impact sur nous. Il affaiblit votre concentration et votre attention, de sorte que même les activités les plus simples deviennent beaucoup plus difficiles et prennent plus de temps à accomplir.

Des études ont montré que si vous pensez être multitâche, vous changez en fait de tâche, ce qui signifie que votre attention passe d'un travail à l'autre, ce qui consomme les ressources énergétiques dont vous disposez pour faire votre travail.

C'est pourquoi, même si vous n'avez fait que peu ou pas

d'activité physique, vous rentrez chez vous à la fin de la journée en vous sentant épuisé et pas d'humeur à faire quoi que ce soit.

Nous savons que ce n'est pas une bonne façon d'accomplir un travail de qualité, mais les demandes d'attention persistent et, au lieu de diminuer, elles risquent de croître.

Voici quelques stratégies pour arrêter le multitâche afin d'obtenir une meilleure qualité et plus de travail dans le temps dont vous disposez chaque jour ouvrable :

I. Reposez-vous suffisamment

Lorsque vous êtes épuisé, votre cerveau a moins de force pour résister à la moindre recherche d'attention. C'est pourquoi, lorsque votre esprit vagabonde, c'est un signe que votre cerveau est fatigué et qu'il est temps de faire une pause.

Il ne s'agit pas uniquement de faire des pauses tout au long de la journée, mais aussi de s'assurer que vous dormez assez chaque jour.

Lorsque vous êtes bien reposé et que vous faites de courtes pauses régulières tout au long de la journée, votre cerveau fait le plein et est prêt à se concentrer sur le travail important.

II. Planifiez votre journée

Si vous n'avez pas de plan pour la journée, c'est la journée qui va en créer un pour vous. Lorsque vous laissez des influences extérieures prendre le contrôle de votre journée, il est très difficile de ne pas être entraîné dans toutes les directions.

Lorsque vous avez un plan pour la journée, lorsque vous arrivez au travail, votre cerveau sait exactement ce que vous voulez accomplir et se sera inconsciemment préparé à une période soutenue de travail concentré.

Votre résistance aux distractions et aux autres tâches sera élevée et vous vous concentrerez beaucoup mieux sur le travail à accomplir.

III. Enlevez tout ce qui se trouve sur votre bureau et votre écran, sauf le travail que vous êtes en train de faire.

Je l'ai appris il y a longtemps. Dans mon précédent emploi, je travaillais dans un cabinet d'avocats et j'avais des dossiers à traiter. Si j'avais plus d'un dossier sur mon bureau à un moment donné, il arrivait que mes yeux se promènent sur les autres dossiers sur mon bureau lorsque j'avais quelque chose de difficile à faire.

Je cherchais quelque chose de plus facile. Cela signifiait que je travaillais souvent sur trois ou quatre dossiers à la fois, ce qui entraînait toujours des erreurs et un ralentissement du travail.

Désormais, lorsque je travaille sur quelque chose, je suis en mode plein écran, et tout ce que je peux voir est le travail sur lequel je suis en train de travailler.

IV. Quand vous êtes à votre bureau, travaillez

Nous sommes des créatures d'habitudes. Si nous faisons nos achats en ligne et lisons les actualités à notre bureau ainsi qu'au travail, nous serons toujours tentés de faire des choses que nous ne devrions pas faire à ce moment-là.

Faites vos achats en ligne depuis un autre lieu - votre maison ou votre téléphone lorsque vous faites une pause - et ne faites votre travail qu'à votre bureau. Cela permettra à votre cerveau de se consacrer à votre travail et non à d'autres préoccupations.

V. Désactivez les notifications sur votre ordinateur

Pour la plupart d'entre nous, nous utilisons toujours un ordinateur pour travailler. Si les fenêtres pop-up d'alerte e-mail et autres notifications sont activées, elles vous distrairont, même si vous vous sentez fort.

Désactivez-les et planifiez la révision de vos e-mails entre deux séances de travail. Vous récupérerez ainsi beaucoup de temps, car vous pourrez rester concentré sur le travail que vous avez à faire.

VI. Trouvez un endroit tranquille pour faire votre travail le plus important

La plupart des lieux de travail ont des salles de réunion qui sont inoccupées. Si vous avez un travail important à faire, demandez si vous pouvez utiliser une de ces salles et y travailler.

Vous pouvez fermer la porte, mettre vos écouteurs et vous concentrer sur ce qui est important. C'est un excellent moyen d'éliminer toutes les autres tâches non importantes qui réclament votre attention et de vous concentrer sur un seul travail.

Chapitre 5 : Comment finir ce que vous avez commencé

Avez-vous l'habitude de débuter des projets, mais de ne pas les mener à terme ? Si c'est le cas, vous n'êtes pas seul. De nombreuses personnes ont l'habitude de commencer des projets mais de ne pas les achever, ce qui est une très mauvaise pratique.

Pour mener à bien un projet, il faut une bonne planification et une action consciente. Si vous vous êtes déjà lancé dans un projet, vous savez que chaque objectif/projet s'accompagne de sa propre série de défis qui ne sont pas visibles au départ.

Pour ma part, je me lance dans de nombreux projets dans le cadre de la gestion de mon entreprise et de la poursuite de mes objectifs personnels, et j'ai une bonne expérience de la manière de mener à bien des projets du début à la fin.

Voici mes 5 meilleurs conseils pour terminer les projets que vous commencez :

I. Soyez sélectif dans ce que vous entreprenez

Lorsque vous vous engagez dans un projet (surtout s'il est de grande envergure), assurez-vous que c'est quelque chose qui vous plaît et que vous voulez mener à bien.

Par le passé, je me suis lancé dans des projets qui ne m'intéressaient qu'à moitié, par exemple apprendre le tennis ou le japonais. J'ai fini par les arrêter à mi-chemin. Cela a entraîné une perte de temps et de ressources qui auraient pu être mieux utilisées ailleurs. À cause de cela, je suis plus conscient de la façon dont j'utilise mon temps et mon énergie aujourd'hui.

Si vous fixez un seuil élevé pour ce que vous voulez faire, le taux d'achèvement est également plus élevé. Si vous n'êtes pas sûr que ce soit quelque chose que vous voulez vraiment faire, plongez d'abord vos pieds dans la piscine - essayez à petite échelle et voyez si c'est ce qui vous intéresse.

II. Estimer les ressources dont vous avez besoin

Dans les entreprises, la planification des ressources consiste à estimer le nombre de ressources nécessaires à un projet. Ensuite, elles planifient la main-d'œuvre et les investissements en conséquence. Pour vous, cela signifie qu'il faut faire un plan du temps et des efforts que cette idée nécessitera, afin d'avoir une vue d'ensemble.

Il n'est pas obligatoire d'être exhaustif. Une simple esquisse peut suffire. Il est important d'avoir quelque chose qui vous guide.

III. Budgétisez votre temps et votre énergie en conséquence

Après avoir élaboré votre plan, vous devez avoir une idée réaliste du temps et des efforts nécessaires à sa réalisation. Planifiez votre temps et vos ressources en conséquence et inscrivez-les dans votre emploi du temps ou votre liste de choses à faire. Réservez du temps dans votre calendrier pour le projet. Prévoyez aussi une marge de sécurité en cas d'imprévus.

Une des grandes raisons de la perte de dynamisme ou d'enthousiasme est la sous-estimation de la quantité de travail nécessaire à la réalisation de l'objectif. Vous souvenez-vous de l'excitation ressentie lorsque vous avez pris une résolution pour la nouvelle année ? 92 % des personnes qui choisissent de prendre une résolution ne parviennent pas à atteindre leur objectif.

Une bonne planification des ressources vous aide à planifier votre énergie et vos attentes. Vous savez que vous devez consacrer X heures et X efforts pour obtenir le résultat final, vous vous gérerez donc de manière appropriée pour atteindre le résultat souhaité. Cela conduit à un taux de réussite des projets plus élevé.

IV. Cessez d'être perfectionniste

Combien d'entre nous retardent leur travail parce qu'ils veulent que tout soit parfait ? Je suis tout à fait favorable au perfectionnisme et à l'obtention du meilleur résultat, mais si votre souci de perfectionnisme vous empêche de faire les choses, je pense qu'il est bon de le remettre en question.

Essayez ces deux conseils : d'abord, fractionnez la tâche en plusieurs petites étapes, puis concentrez-vous sur une partie à la fois. Si vous remettez toujours la tâche à plus tard après l'avoir décomposée, décomposez-la encore davantage en petits morceaux. Bientôt, vous vous retrouverez avec une tâche si simple que vous vous demanderez ce qui vous a empêché de la faire auparavant !

Le deuxième conseil est de se donner la liberté de faire une version préliminaire. Cela veut dire qu'il n'est pas obligatoire de bien faire les choses du premier coup. Il est préférable de créer un brouillon, même si ce n'est pas le meilleur, que de ne rien faire du tout. Lancez-vous, et les choses suivront leur cours.

V. S'engager

Une fois que vous avez commencé, engagez-vous. Quoi que vous ayez prévu, faites-le. Donnez-vous la possibilité d'abandonner un projet s'il ne correspond pas à votre vision (voir n° 9), mais sinon, tenez-vous-en à votre parole.

Il y a quelque temps, j'étais à Hong Kong pour une conférence. Là-bas, mes amis m'ont demandé si je voulais faire du tourisme. J'ai rejeté l'offre parce que je travaillais sur un programme de cours en ligne sur mon site, et que le projet prenait du retard sur mon calendrier personnel.

Terminer le livre était un engagement envers moi-même et envers mes lecteurs qui en bénéficieraient vraiment. Faire du tourisme était quelque chose que je pouvais toujours faire à un autre moment - ce n'était pas un gros problème.

De même, demandez-vous ce qui est le plus important pour vous : sortir pour faire la fête le week-end ou travailler sur cette entreprise que vous avez envie de créer ? La première option peut vous apporter une satisfaction temporaire, mais c'est la seconde qui vous procure une réelle satisfaction. Les récompenses que vous obtenez en faisant le second sont des récompenses que vous continuerez à récolter longtemps après.

VI. Connectez-vous à votre vision finale

Vous avez peut-être fait l'expérience suivante : lorsque vous débutez un nouveau projet, vous êtes plein d'énergie et très enthousiaste. Puis, lorsque vous entrez dans le vif du sujet, cette énergie s'estompe peu à peu. Vous êtes toujours enthousiasmé par le projet dans son ensemble, mais vous n'êtes plus aussi enthousiaste à l'idée d'accomplir les petites tâches qui font partie du travail.

Mais tout ce travail minutieux fait partie de ce qui vous mène à votre belle vision au bout du compte. Chaque petite chose que vous faites maintenant compte pour la réalisation de cette vision finale.

L'une des principales raisons pour lesquelles les gens n'atteignent pas leurs objectifs est qu'ils ne sont pas précis dans leur vision.

Déterminez clairement à quoi ressemble cette vision, puis entourez-vous de tout ce qui vous rappelle vos objectifs finaux. Utilisez des outils tels qu'un tableau de vision, des photos d'autres personnes qui ont atteint le même objectif, et des objets représentant l'objectif.

VII. Suivez la voie de la plus grande satisfaction

J'ai découvert que l'une des façons les plus aisées et les plus faciles de mener à bien mes projets est d'être souple dans mon approche de la gestion de projet. Par exemple, la plupart des gens terminent les tâches de leur liste de choses à faire dans un ordre séquentiel. La tâche 1 vient en premier, suivie de la tâche

2, puis de la tâche 3, etc.

Cela semble simple et facile.

J'ai longtemps procédé ainsi, jusqu'à ce que je réalise que ce n'était pas la méthode la plus efficace. Par exemple, certains jours, je remettais à plus tard un projet parce que j'avais envie de faire la tâche 3 plutôt que la tâche 1. Pourtant, selon la règle de gestion de projet, je devais d'abord faire la tâche 1 avant de pouvoir faire la tâche 3.

D'un autre côté, lorsque je m'accorde une certaine souplesse quant à ce que je dois faire (tout en restant dans les limites du projet), le travail sur le projet devient une grande aventure. Cette approche me donne l'impression d'être dans un magasin de bonbons et de pouvoir choisir les bonbons que je veux.

C'est ce que j'appelle la voie du plus grand plaisir : faire ce qui vous rend le plus heureux sur le moment. Lorsque vous agissez ainsi, vous devenez automatiquement productif dans votre travail.

VIII. Suivez vos progrès

Le suivi de vos progrès vous aide à mieux comprendre comment vous vous en sortez, et vous donne un but à atteindre. Il est ainsi plus facile de garder votre élan.

Créez une feuille de projet qui recense vos objectifs et votre statut actuel. Précisez les indicateurs clés de performance que vous désirez atteindre. Si votre objectif est de perdre du poids, vos ICP seront votre poids, votre pourcentage de graisse, et peut-être vos performances pendant vos séances d'exercice.

Puis, chaque semaine, examinez vos progrès. Quel pourcentage de votre objectif final avez-vous atteint ? Êtes-vous sur la bonne voie par rapport à votre objectif ? Quel est votre objectif pour la semaine suivante ?

Le suivi vous rend responsable de votre objectif et vous aide à rester sur la bonne voie.

IX. *Ne forcez pas les choses si ça ne marche pas.*

Parfois, il arrive que vous perdiez tout intérêt pour l'objectif. Cela arrive, et c'est normal. Nous changeons, nos intérêts changent, et nous avons de nouvelles idées et inspirations tout le temps.

Cela peut sembler un gros gâchis de laisser tomber tout ce qui a été fait, mais ce n'est pas si grave. Vous êtes capable de réaliser beaucoup plus de choses que vous ne le pensez. En essayant de vous accrocher à ce que vous avez fait, vous empêchez d'autres bonnes choses de vous arriver.

J'adopte souvent cette approche dans mon travail. Sur les plus de 400 articles de mon blog Personal Excellence, il y a environ 100 articles à moitié écrits qui n'ont pas (encore) vu la lumière du jour. Certains d'entre eux sont terminés à 10 %, d'autres à 30 % et d'autres encore sont à moitié terminés.

Je ne suis pas obsédé par la finition de ces articles ; j'écris simplement au gré de mon inspiration.

Vous pourriez vous demander : tout le travail de rédaction

des articles (à moitié terminé) ne serait-il pas perdu ? Pas du tout. J'apprends en les écrivant, et cet apprentissage me sera utile pour mes futurs articles.

Donnez-vous la permission de laisser tomber ce que vous faites si ça ne marche pas, et vous pourriez trouver beaucoup de nouvelles choses sur votre chemin juste après.

Chapitre 1 : Transmettre un message clair et efficace

Une communication claire et efficace est la clé du succès en entreprise. Elle est à la base de chaque courriel, présentation et réunion. Le fait d'avoir du mal à communiquer avec votre patron, vos collègues ou vos collaborateurs peut être source d'anxiété et avoir des effets négatifs sur votre travail. Mais si vous employez vos mots à bon escient, que vous adoptez un langage corporel adéquat et que vous renforcez votre confiance en vous, vous bénéficierez d'excellentes compétences en communication tout au long de votre carrière.

Une communication efficace au travail peut être un facteur

de transformation pour les individus, les équipes et les entreprises. Nous allons vous expliquer pourquoi une communication claire et efficace est si importante sur le lieu de travail et comment vous pouvez renforcer dès aujourd'hui vos compétences en communication et celles de votre équipe.

Pourquoi une communication efficace est-elle importante sur le lieu de travail ?

La bonne communication sur le lieu de travail est un élément important car elle renforce le moral, l'engagement, la productivité et la satisfaction des employés. La communication est également essentielle pour améliorer la collaboration et la coopération au sein des équipes. En définitive, une communication claire et efficace sur le lieu de travail permet d'obtenir de meilleurs résultats pour les individus, les équipes et les organisations.

Pour aller plus loin, en particulier en tant que manager, l'acquisition de bonnes aptitudes à la communication présente de profonds avantages à court et à long terme pour votre organisation. Un communicateur efficace est capable de motiver son équipe pour qu'elle fasse davantage, avec de meilleurs résultats et moins de malentendus. Et qui ne souhaite pas moins de malentendus ?

Tous ces éléments peuvent contribuer à la prospérité de l'entreprise - et à votre réussite personnelle en tant que leader.

7 types de communication courants sur le lieu de travail

Toutes les communications professionnelles ne sont pas

égales. Nous avons tous fait l'expérience d'assister à une réunion longue et ennuyeuse en pensant : « Cela aurait pu tenir dans un e-mail ».

Certains canaux de communication sont parfaits pour différents types de communication. Selon le type d'information à véhiculer, ces différents canaux peuvent améliorer - ou nuire - à la façon dont elle est reçue. Un communicateur efficace développera des compétences et des outils différents en fonction du type de communication requis.

- ***La Communication du leadership***

Les dirigeants véhiculent souvent des messages à sens unique à leurs équipes. L'objectif peut être d'informer ou de mettre à jour, comme un mémo sur une nouvelle politique de l'entreprise ou un changement de direction. Les leaders communiquent aussi souvent pour persuader, encourager et susciter l'engagement. Ils communiquent fréquemment par le biais d'histoires plutôt que de données.

- ***La Communication ascendante***

Les managers (et les membres de l'équipe) doivent fréquemment échanger avec leurs propres managers et avec d'autres dirigeants qui ne font pas partie de leur chaîne de commandement directe. Ces communications peuvent prendre la forme de mémos/courriers électroniques, de rapports ou d'un créneau dans une réunion permanente. Quel que soit le format, ces types de communication doivent être considérés comme plus formels.

- ***Les Mises à jour***

Parce qu'elles sont brèves par nature, les mises à jour ne constituent pas toujours un type de communication fort. Servez-vous d'un suivi visuel ou d'un tableau de bord pour porter la charge, et réservez vos commentaires verbaux ou écrits pour capter l'attention du public sur ce qui est le plus important - en général, ce qui nécessite une action ou une implication supplémentaire de sa part. Il peut s'agir de surprises, d'obstacles et de risques potentiels, ainsi que de victoires.

- ***Les Présentations***

Ces manifestations de communication formelle ont tendance à se tailler la part du lion, pour de bonnes raisons. Les présentations sont des outils de communication qui s'adressent généralement à un public plus large et dont les enjeux sont plus importants. Elles ont des objectifs tels qu'informer, influencer et persuader. En outre, beaucoup de gens ont peur de parler en public, et grâce à TED et à d'autres séries, nous attendons beaucoup du divertissement et de la compréhension.

- ***Les Réunions***

Les réunions, qu'elles soient petites ou grandes, constituent un élément essentiel de la stratégie de communication interne d'un lieu de travail. C'est aussi l'un des types de communication les moins bien compris et les plus galvaudés. Les réunions réussies créent une synergie entre les équipes et permettent de communiquer rapidement des informations qui risqueraient fort d'être mal comprises dans un autre format (comme le courrier électronique). Les meilleures réunions sont hautement collaboratives et laissent aux participants un sentiment d'énergie et non d'épuisement.

- ***Communications avec les clients***

La communication avec les clients peut couvrir toute la gamme évoquée ci-dessus, qu'il soit question de communications ponctuelles, en face à face, virtuelles, orales ou écrites, formelles ou ad hoc. En général, toutes les considérations relatives à la communication entre les employés s'appliquent également aux clients. Soyez réfléchi et préparez vos messages afin de répondre aux besoins de vos clients, de la manière qu'ils préfèrent, et de créer une image positive de l'entreprise et du produit.

- ***Interactions informelles***

Les communications informelles incluent les courriels et les conversations que vous fréquentez tous les jours : faire des demandes, demander des informations, répondre aux demandes, et donner ou recevoir du soutien et des conseils. Outre le fait de faire progresser le travail de l'organisation, ces communications informelles ont pour autres objectifs de créer des liens sociaux, de développer une culture, d'établir la confiance et de trouver un terrain d'entente.

- ***Les avantages d'une bonne communication sur le lieu de travail***

Lorsque les employés sont directement impliqués dans les produits et les initiatives du travail, cela contribue à développer un sentiment d'appartenance à l'avenir de l'entreprise. Cela les pousse également à travailler pour accroître la rentabilité de l'entreprise, la satisfaction des clients et l'image de marque.

Voyons comment le perfectionnement de vos compétences en communication peut se répercuter sur votre organisation et avoir un impact direct sur ses résultats.

8 raisons de travailler sur vos compétences en communication

1. Un meilleur engagement

Une meilleure communication se traduit par un plus grand engagement des employés, qui est un indicateur clé de leur productivité et de leur potentiel de rétention. Elle renforce le fait que vos employés sont des contributeurs clés et des personnes que l'entreprise apprécie pour leurs compétences et leur expérience uniques. En d'autres termes, leur contribution - et leur apport - font vraiment la différence.

2. Amélioration du moral

Les membres d'une équipe dont la satisfaction au travail est faible prennent plus de congés, sont moins productifs lorsqu'ils sont au bureau et ont souvent un impact négatif sur la productivité des autres employés lorsqu'ils sont présents. En revanche, lorsqu'un employé a une bonne compréhension du travail qu'il doit faire et de la façon dont il participe à la réussite globale de l'équipe, il apporte plus d'énergie et de fierté à son travail.

3. Amélioration de la productivité

De meilleures techniques de communication aident les employés à mieux comprendre leur rôle, ce qui leur permet de mieux accomplir les tâches qui leur sont confiées. Ces techniques permettent d'économiser des ressources et du temps, ce qui permet d'accomplir davantage de travail et de réduire le stress.

4. Réduction du taux de démission

Qu'il s'agisse des représentants de l'assistance clientèle ou du personnel technique senior, l'expérience est synonyme de valeur pour les clients et pour l'entreprise. Et aucune organisation ne veut gâcher les coûts énormes de recrutement et de formation de bons employés en les faisant partir rapidement. En tant que facteur clé de la satisfaction et de l'engagement des employés, la communication apporte une valeur ajoutée à l'organisation en diminuant la rotation des membres du personnel qualifiés et expérimentés.

5. Une plus grande loyauté

Garder les employés pendant de nombreuses années peut rendre l'entreprise plus forte et avoir un impact sur les résultats. De nombreux emplois exigent des années d'expérience avant qu'un employé ne dispose d'une expertise suffisante pour stimuler l'innovation, résoudre des problèmes critiques et diriger les autres. Les sentiments d'un employé à l'égard de l'entreprise - basés sur la façon dont il se sent traité et valorisé en tant qu'individu - influencent son degré de loyauté.

6. Une meilleure collaboration

La plupart des entreprises utilisent aujourd'hui des technologies qui ne requièrent pas que les membres de l'équipe se trouvent dans la même pièce, le même bâtiment ou même le même pays. Cette évolution présente de nouveaux défis en matière de communication, ce qui signifie que les managers peuvent faciliter la collaboration en aidant les groupes à communiquer efficacement lorsqu'ils utilisent les dernières technologies.

7. Une plus grande motivation

Les psychologues ont remarqué que si les gens ne comprennent pas le « pourquoi » d'un concept, ils auront moins tendance à le comprendre ou à s'en souvenir. Il en va de même pour de nombreux aspects de la vie professionnelle des gens. En tant que manager, l'une des principales compétences en matière de communication est de savoir entendre le « pourquoi » et d'enchaîner avec un « parce que ». Cette approche vous aidera à motiver vos employés.

8 façons de développer les compétences en communication au travail

Maintenant que vous comprenez combien il est important de bien communiquer au travail, vous devez savoir comment améliorer ces compétences. Rappelez-vous : une communication efficace repose sur l'écoute active. Bien que cela puisse sembler contre-intuitif, une approche « axée sur l'écoute » vous aidera souvent à structurer la transmission de votre message.

1. Réfléchissez-y

Il existe de différents cadres de communication, mais si vous voulez renforcer vos compétences en communication, commencez par prendre l'habitude de réfléchir à ces 5 questions pour toute communication que vous créez :

- Pourquoi communiquez-vous ?

- Qui est le récepteur, le public ou le participant ?

- Quel est votre but ou votre objectif ?

- Que voulez-vous que le destinataire fasse à la suite de la communication ?

• Quel format vous permettra le mieux d'atteindre votre objectif ?

Si vous avez du mal à répondre à ces cinq questions, vous devriez prendre le temps de réfléchir à la manière dont vous communiquez et à la raison pour laquelle vous le faites. Ensuite, testez votre compréhension auprès de vos collègues ou de votre supérieur.

2. Donnez-lui du temps

Prévoyez ce que vous voulez dire et révisez votre communication pour vous assurer qu'elle répond bien à vos attentes. Pour les communications écrites, en revanche, cela signifie : réviser, réviser, réviser. N'oubliez pas qu'une bonne communication peut sembler sans effort, mais c'est rarement le cas.

3. Facilitez les choses

La communication sur le lieu de travail a presque toujours un but. Les gens sont occupés. Ne leur donnez pas trop de mal à comprendre ce que vous dites et ce que vous attendez d'eux. Énoncez votre objectif et votre point principal dès le début d'une présentation ou d'une communication écrite afin que votre public sache où vous voulez en venir. Complétez ensuite les détails.

4. Simplifiez

Bien que vous ne vouliez pas faire preuve de condescendance ou de vulgarisation, dans les communications professionnelles quotidiennes, veillez à ne pas demander à votre interlocuteur de faire trop d'efforts pour comprendre. Trouvez une formulation claire et simple pour résumer votre propos. Répétez-la au début, au milieu et à la fin, et envisagez d'utiliser un visuel simple ou une métaphore pour rendre votre message clair et mémorable.

5. Expérimenter et diversifier

Travaillez à l'élaboration de différentes tactiques pour différents besoins de communication. Concentrez-vous sur l'expérimentation d'un aspect de votre communication à la fois. Par exemple, passez une semaine à prêter une attention particulière à la façon dont vous structurez les communications informelles. Puis passez une semaine à essayer différentes structures pour les réunions formelles ou les mises à jour.

6. Pratiquer et réfléchir

Réfléchissez à ce qui fonctionne et à ce qui ne fonctionne pas dans vos communications quotidiennes. Peut-être qu'un courriel adressé à votre supérieur ne s'est pas bien passé. Pouvez-vous voir comment il a pu être mal interprété ? Que feriez-vous différemment la prochaine fois ? De même, si une discussion avec un collègue de travail n'a pas donné les résultats escomptés, essayez de déterminer si vous avez clairement communiqué ce dont vous aviez besoin.

7. Considérez les choses dans leur ensemble

Envisagez de vous enregistrer au cours de quelques interactions pour avoir un aperçu de ce que vous communiquez dans vos interactions quotidiennes avec votre équipe. Établissez-vous un contact visuel ? Votre expression faciale est-elle détendue et confiante, ou tendue ? Comment est votre langage corporel ? Laissez-vous du temps pour les questions et les clarifications ?

8. Demandez un retour d'information

Demandez à quelques collègues de confiance et à votre supérieur d'évaluer vos compétences en communication. Commencez par leur demander d'évaluer (sur une échelle de 1 à 10) votre communication écrite et orale séparément. Posez ensuite les trois questions suivantes :

Quelle est la chose que je devrais commencer à faire pour mieux communiquer avec vous ?

Quelle est la chose que je devrais arrêter de faire dans mes communications avec vous ?

Sur quel domaine ou compétence dois-je travailler pour améliorer ma façon de communiquer dans cette organisation ?

- Comment améliorer la communication lorsque l'on travaille à distance

Une bonne communication est encore plus indispensable pour les dirigeants et les managers dans le cadre du travail à distance. Une bonne communication peut aider à établir la confiance et la connexion avec votre équipe et éviter certaines des frustrations qui découlent d'une mauvaise communication.

Éléments à prendre en compte pour améliorer la communication à distance

1 Clarifier les attentes

Déclarez vos objectifs dès le départ et répétez-les à la fin de la communication. Mieux encore, demandez à l'autre personne de réitérer sa compréhension de vos attentes.

2 S'engager dans un flux bidirectionnel

Le fait d'être éloigné peut favoriser le retrait et le désengagement des employés. Soyez volontaire et créatif pour donner aux autres un rôle dans la communication. Posez des questions, utilisez des outils de sondage et de classement, et sollicitez des réponses sous forme d'émojis, de gifs ou de descripteurs en un mot.

3 N'oubliez pas le pouvoir du contact direct

Beaucoup de choses peuvent être mal interprétées dans l'espace plat du texte sans indices supplémentaires comme le ton de la voix et l'expression du visage. Ne vous contentez pas de communiquer uniquement par texte ou par chat. Un appel Zoom d'équipe bien conçu ou une réunion en personne peut établir une meilleure connexion et une compréhension partagée, donnant aux autres une chance de faire apparaître les zones de désaccord.

4 Privilégiez la qualité

Les gens peuvent se sentir protégés de leur temps lorsqu'ils travaillent à distance, alors assurez-vous que les événements en direct sont bien pensés. Envoyez des ordres du jour, des objectifs de réunion ou des documents de référence à l'avance pour aider les participants à se préparer à avoir des conversations productives.

5 Créer un espace informel

Les bonnes intentions et une culture de partage sont deux éléments fondateurs d'une communication efficace au quotidien au travail. Cela dit, il est dur de les construire et de les maintenir sans opportunités d'interaction informelle, comme les happy hours ou les canaux Slack hors travail.

Vous n'avez pas besoin de passer beaucoup de temps à prendre des nouvelles des gens et à leur poser des questions sur leur vie privée. Mais, aujourd'hui plus que jamais, il est bon de se rappeler que les destinataires de vos communications sont des personnes réelles qui ont leurs propres défis, distractions, espoirs et craintes. Avant de passer un appel vidéo ou d'envoyer un courriel, essayez d'imaginer la personne à l'autre bout du fil.

Chapitre 2 : Tirer le meilleur parti de votre langage corporel

Lorsqu'il est utilisé à bon escient, le langage corporel peut être la clé de votre réussite. Il peut vous aider à tisser des relations professionnelles positives, à influencer et à motiver vos subordonnés, à améliorer votre productivité, à créer des liens avec les membres de votre équipe et à présenter vos idées avec plus d'impact. Voici une douzaine de conseils pour utiliser le langage corporel afin de transmettre votre confiance, votre crédibilité et votre charisme personnel :

1 Se tenir droit et occuper l'espace

Le pouvoir, le statut et la confiance sont exprimés de façon non verbale par l'utilisation de la hauteur et de l'espace. En gardant une posture droite, les épaules en arrière et la tête haute, vous avez l'air sûr de vous.

Si vous vous tenez debout, vous aurez l'air plus puissant et plus sûr de vous pour ceux qui sont assis. Si vous vous déplacez, l'espace additionnel que vous prenez ajoute à cette impression. Si vous êtes assis, vous pouvez avoir l'air plus sûr de vous en posant les deux pieds à plat sur le sol, en éloignant vos bras de votre corps (ou en accrochant un coude au dossier de votre chaise) et en étalant vos effets personnels sur la table de conférence pour réclamer plus de territoire.

2 *Élargissez votre position*

Lorsque vous vous tenez debout avec les pieds rapprochés, vous pourriez sembler hésitant ou peu sûr de ce que vous dites. Mais si vous élargissez votre position, détendez vos genoux et centrez votre poids dans le bas de votre corps, vous paraissez plus « solide » et confiant.

3 *Baisser le ton de la voix*

Sur le lieu de travail, la qualité de votre voix peut être un critère décisif dans la façon dont vous êtes perçu. Les orateurs dont la voix est aiguë sont considérés comme moins empathiques, moins puissants et plus nerveux que ceux dont la voix est grave. Une des méthodes simples que j'ai apprises d'un orthophoniste est de joindre les lèvres et de dire « Hum hum, hum hum, hum hum ». Ce faisant, vous détendez votre voix pour qu'elle atteigne sa hauteur optimale. Cette technique est très utile avant un appel téléphonique très important, où le son de votre voix est crucial.

4 *Essayez le Power Priming*

Pour démontrer votre confiance et être vu comme optimiste et positif, pensez à un événement passé qui vous remplit de fierté et de confiance. (Cela ne doit pas nécessairement être tiré de votre vie professionnelle - bien que j'encourage mes clients à tenir un « journal des succès » afin de pouvoir retrouver aisément un événement). Puis rappelez-vous ce sentiment de maîtrise et de conviction   et rappelez-vous ou imaginez comment vous étiez et sonniez. Le fait de vous rappeler cette émotion authentique vous aidera à la personnifier lorsque vous entrerez dans la salle de réunion ou monterez sur le podium.

5 *Prenez une pose puissante*

Des recherches sur les influences de la posture corporelle sur la confiance en soi, menées dans les écoles de commerce de Harvard et de Columbia, ont montré que le simple fait de maintenir son corps dans des positions expansives et puissantes (penché en arrière, les mains derrière la tête et les pieds sur un bureau, ou debout, les jambes et les bras largement ouverts) pendant seulement deux minutes stimule des niveaux plus élevés de testostérone - l'hormone liée au pouvoir et à la domination - et diminue les taux de cortisol, une hormone du stress.

Essayez ceci avant votre prochaine réunion d'affaires importante, et je vous promets que vous aurez l'air plus confiant et plus sûr de vous. En plus de provoquer des changements hormonaux chez les hommes et les femmes, ces poses entraînent un sentiment accru de puissance et une plus grande résistance au risque. L'étude a également corroboré mon observation selon laquelle les gens sont plus souvent influencés par ce qu'ils ressentent à votre égard que par ce que vous dites.

6 *Maintenez un contact visuel positif*

Vous êtes peut-être introverti, timide ou votre culture vous a peut-être appris que le contact visuel prolongé avec un supérieur n'est pas acceptable, mais les hommes d'affaires des États-Unis, d'Europe, d'Australie (et de nombreuses autres régions du monde) s'attendent à ce que vous mainteniez un contact visuel 50 à 60 % du temps. Voici une technique simple pour optimiser le contact visuel : chaque fois que vous saluez un collègue, plongez-vous dans ses yeux suffisamment longtemps pour remarquer de quelle couleur ils sont.

7 *Parlez avec vos mains*

L'imagerie cérébrale a révélé qu'une région appelée aire

de Broca, qui joue un rôle important dans la production de la parole, est active non seulement lorsque nous parlons, mais aussi lorsque nous agitons nos mains. Étant donné que le geste est intégralement lié à la parole, faire des gestes en parlant peut renforcer votre pensée. Chaque fois que j'encourage mes clients à intégrer des gestes dans leur discours, je constate que leur contenu verbal s'améliore, que leur discours est moins hésitant et qu'ils utilisent moins de mots de remplissage. Faites-en l'expérience et vous verrez que l'acte physique de la gestuelle vous aide à avoir des pensées plus nettes, à faire des phrases plus serrées et à utiliser un langage plus explicite

8 Utilisez des gestes ouverts

Maintenir des mouvements détendus, faire des gestes de bras ouverts et présenter les paumes des mains - le geste ultime du « vous voyez, je n'ai rien à cacher » - sont des signaux silencieux de crédibilité et de franchise. Les personnes qui ont des gestes ouverts sont perçues plus positivement et sont plus persuasives que celles qui ont des gestes fermés (bras croisés, mains cachées ou tenues près du corps, etc.) De même, si vous tenez vos bras au niveau de la taille et que vous effectuez des gestes dans ce plan, la plupart des auditoires vous considéreront comme sûr de vous et crédible.

9 Souriez

Les sourires ont un effet très puissant sur nous. Le cerveau humain privilégie les visages heureux, et nous pouvons repérer un sourire à 300 pieds, soit la longueur d'un terrain de football. Sourire ne stimule pas seulement votre propre sentiment de bien-être, mais signale aussi à votre entourage que vous êtes accessible et digne de confiance.

10 Réduire les gestes nerveux

Lorsque nous sommes nerveux ou stressés, nous nous calmons tous en adoptant une forme ou une autre de comportement non verbal : nous frottons nos mains l'une contre l'autre, nous faisons rebondir nos pieds, nous tapons avec nos doigts sur le bureau, nous jouons avec nos bijoux, nous faisons tourner nos cheveux, nous nous agitons - et lorsque nous faisons l'une de ces choses, nous enlevons immédiatement toute crédibilité à nos déclarations. Si vous vous retrouvez dans l'un de ces comportements, prenez une grande respiration et calmez-vous en posant fermement vos pieds sur le sol et en plaçant vos mains paume vers le bas sur vos genoux, sur le bureau ou sur la table de conférence. L'immobilité envoie le message que vous êtes calme et confiant.

Chapitre 3 : Ecouter pour comprendre

Si vous voulez évoluer dans votre travail, une des compétences les plus importantes est la capacité à communiquer. Mais en réalité, très peu d'entre nous écoutent de manière efficace. Ce n'est pas parce qu'il est difficile d'écouter efficacement. Nous n'avons simplement pas acquis les compétences nécessaires pour le faire correctement.

Pour être un auditeur efficace, vous devez tout d'abord comprendre pourquoi il est important d'écouter.

Voici cinq raisons majeures pour lesquelles la capacité d'écoute est si cruciale pour la réussite de votre carrière :

1) Dans la communication avec les clients

Lorsque vous écoutez quelqu'un, cela prouve que vous êtes intéressé par ce qu'il a à dire. Cela indique également que vous respectez l'autre personne et son opinion. L'écoute vous permet de nouer de meilleures relations avec vos collègues et vos clients, et elle peut vous aider à acquérir de nouvelles connaissances sur votre secteur ou votre domaine.

En outre, l'écoute est un élément essentiel de la résolution de problèmes. Si vous pouvez écouter attentivement les préoccupations ou les plaintes de vos clients, vous serez en mesure de résoudre leurs problèmes plus efficacement.

2) L'écoute efficace est importante sur le lieu de travail

L'écoute est une capacité essentielle sur le lieu de travail car elle vous permet de recueillir les données dont vous avez besoin pour apprendre et prendre des décisions réfléchies. Si vous ne prêtez pas attention à ce que disent vos collègues, vous passerez à côté de détails et d'idées importants.

De plus, lorsque quelqu'un vous parle, il vous donne l'occasion d'établir une relation avec lui. Écouter peut contribuer à renforcer ces relations en montrant que vous vous intéressez à l'opinion de l'autre personne.

Lorsque vous écoutez attentivement vos collègues, vous pouvez identifier les problèmes potentiels et trouver des solutions ensemble.

Enfin, l'écoute peut contribuer à réduire les conflits sur le lieu de travail. En comprenant pourquoi votre collègue n'est pas d'accord avec vous, vous pouvez travailler à une résolution qui satisfait tout le monde.

3) Pourquoi l'écoute est importante dans le leadership

Lorsque vous êtes à la tête une équipe, l'écoute est importante car elle permet d'instaurer la confiance et le respect. Si vous écoutez les préoccupations et les idées de vos employés, ils auront l'impression que leur opinion compte. Cela peut les motiver et les inciter à travailler plus effacement pour votre entreprise.

Les bons leaders savent que, parfois, déléguer des responsabilités implique de faire suffisamment confiance aux autres pour lâcher un peu de contrôle sur des situations ou des projets.

En vous retirant de certaines tâches afin de donner aux autres des possibilités de développement, vous faites preuve d'une écoute active et montrez que vous avez confiance dans les autres employés pour gérer les choses par eux-mêmes.

4) L'écoute est une compétence indispensable à l'évolution de votre carrière

Pour gravir les échelons de l'entreprise, vous devez montrer que vous êtes capable de faire plus que votre travail. Une façon de le faire est de prouver que vous avez d'excellentes aptitudes à la communication, et la capacité d'écoute en est un élément déterminant.

Lorsque vous rencontrez la direction, assurez-vous d'écouter activement ce qu'elle dit pour montrer que vous prenez ses commentaires au sérieux et que vous souhaitez apprendre et évoluer dans votre rôle.

L'écoute peut également aider à éviter les incompréhensions et les mauvaises communications avec les supérieurs, menant à des situations gênantes ou même à la perte d'emploi.

En écoutant activement, non seulement vous éviterez ce

type de problèmes, mais vous serez également perçu comme un employé plus équilibré, capable de gérer des situations difficiles.

5) Pourquoi est-il important d'écouter lorsque l'on travaille avec un groupe ou une équipe ?

Une écoute efficace accroît la productivité lorsque vous travaillez avec des équipes à tous les niveaux d'une organisation commerciale. Elle vous permet d'être plus attentif aux besoins des autres membres de l'équipe afin que chacun puisse travailler de manière plus efficace.

Elle contribue également à créer un lien plus cohésif entre les membres de l'équipe et améliore les performances globales de votre entreprise. Elle crée un environnement dans lequel les gens ont le sentiment d'être sur la même longueur d'onde et de travailler à des objectifs communs.

Lorsque les membres d'une équipe communiquent et collaborent, cela peut conduire à des idées ou des solutions innovantes qui n'auraient pas été découvertes autrement. L'écoute est un facteur clé qui explique pourquoi le travail d'équipe est si essentiel à la prospérité de l'entreprise.

Chapitre 4 : Se concentrer sur le feedback

Une conversation sur l'amélioration de la communication au travail serait terriblement incomplète sans évoquer le retour d'information. En fait, le feedback constructif pourrait figurer en tête de liste.

Mais quelle est précisément l'importance du retour d'information ? En un mot : très important. Tout comme l'écoute est indispensable pour améliorer la compréhension directe et la communication interpersonnelle, le retour d'information est essentiel pour améliorer la communication lors de la collaboration avec d'autres membres de l'équipe sur des projets et pour stimuler l'engagement des employés. Vous devez faire très attention à la façon dont vous donnez vos critiques, surtout celles qui peuvent être perçues négativement ou éventuellement comme des attaques.

À l'instar des différents canaux de communication, il existe plusieurs manières de donner son avis. Si vous faites un commentaire que tout le monde peut voir sur une page, faites preuve de tact. Il en va de même pour un commentaire dans un canal Slack ouvert ou dans un courriel à réponse unique. Si vous savez que de nombreuses personnes verront votre commentaire, veillez à ce que ce que vous dites ne soit pas potentiellement embarrassant pour quelqu'un. Prenez toujours le parti de la prudence. Cela ne signifie pas qu'il faille être moins explicite ou moins franc, mais plutôt qu'il faut faire attention au lieu et au moment. Un feedback de qualité fait progresser le travail, et un feedback sincèrement donné doit être sincèrement reçu. Mais à cette fin, assurez-vous que le feedback se focalise sur le travail (et non sur la personne) et propose des suggestions et des alternatives. Ce dernier point est essentiel et souvent négligé. Pourquoi négligé ? C'est plus difficile. Il est très facile de dire « Je n'aime pas ça ». (C'est autre chose de dire : « Je ne pense pas que cette partie soit dans le bon ton, et voici pourquoi. Essayez peut-être ceci à la place ? »

Un tel retour d'information vaut de l'or.

Il y a aussi des cas de feedback dont vous n'êtes probablement pas sûr parce qu'ils impliquent de formuler des critiques en haut de la chaîne, pour ainsi dire. Si vous êtes curieux de savoir comment donner un feed-back à un manager, nous avons également répondu à vos questions.

Pour démontrer l'importance du retour d'information, voici cinq changements positifs auxquels vous pouvez vous attendre.

1. Amélioration des performances à tous les niveaux

Le retour d'information est un élément crucial de l'amélioration des performances à l'échelle de l'organisation et il est à double sens. Il est non seulement important que les managers transmettent régulièrement des commentaires à leurs subordonnés directs, mais aussi que les employés en fassent part à leurs managers et à leurs pairs.

Plus le nombre de retours d'information échangés est élevé, plus les managers ont un aperçu de leurs compétences en matière de leadership. Il permet également aux employés de connaître le point de vue des personnes avec lesquelles ils travaillent le plus étroitement sur leur travail. Et il est prouvé que le retour d'information positif a un impact positif sur les résultats de votre entreprise.

Il en résulte que chacun est en mesure de prendre de meilleures décisions, d'améliorer ses performances et, plus généralement, de réussir dans son rôle.

2. Transfert de la propriété du développement professionnel

Chacun possède un ensemble unique de points forts et de domaines de développement, ce qui rend difficile l'application d'un modèle unique de développement professionnel. Il existe de nombreux styles d'apprentissage, comme l'apprentissage asynchrone ou les ateliers en personne.

En mettant en place un moyen simple et structuré de demander un retour d'information au moment le plus important, vous mettez activement les personnes aux commandes de leur développement au lieu de devoir constamment lancer le processus.

Certaines des personnes les plus performantes saisissent l'occasion de demander un retour d'information à la fin d'une réunion ou d'un projet important pour s'assurer qu'elles obtiennent des informations exploitables en temps voulu et de manière contextuelle.

Grâce à cette évolution, les gens s'habituent à demander un retour d'information chaque fois qu'ils le souhaitent ou qu'ils en ont besoin, ce qui crée une main-d'œuvre d'employés autonomes, tout en soulageant les RH.

3. Désamorcer les conflits de bureau avant qu'ils ne se produisent

Un autre bénéfice d'une forte culture du feedback est qu'elle donne aux employés les outils pour aborder les problèmes avant qu'ils ne s'aggravent. Lorsque les gens ne se sentent pas capables d'échanger des commentaires, même sur les plus petits détails, ceux-ci peuvent se transformer en conflits au travail.

En revanche, lorsque les gens ont l'habitude de partager régulièrement leurs commentaires, ils sont plus à l'aise pour avoir ces conversations difficiles.

Cela signifie qu'ils n'auront pas peur de demander à leurs collègues de parler moins fort au téléphone ou d'être plus constants dans la réalisation de leur partie d'un projet dans les délais.

En prenant l'habitude de partager leurs commentaires, ils sont mieux armés pour faire face à n'importe quelle situation plutôt que de la refouler.

4. Augmentation de l'engagement des employés

Il existe une forte corrélation entre l'échange de commentaires et l'engagement des employés. Non seulement parce qu'il permet de résoudre rapidement les problèmes et d'accroître le partage des connaissances, mais aussi parce qu'il crée un moyen de reconnaître plus régulièrement les succès de l'équipe et des individus.

N'oubliez pas que le retour d'information ne concerne pas seulement le développement personnel. C'est aussi l'occasion de célébrer les petites et grandes victoires.

Naturellement, lorsque les gens se sentent appréciés et reconnus pour leurs efforts, ils se sentent motivés et engagés. En fait, 72 % des employés interrogés dans le cadre d'une enquête récente ont estimé que la reconnaissance avait le plus grand impact sur l'engagement.

5. Donner à vos collaborateurs quelque chose qu'ils souhaitent réellement

Près de 60 % des employés interrogés ont déclaré qu'ils aimeraient recevoir un retour d'information sur une base quotidienne ou hebdomadaire - un chiffre qui passe à 72 % pour les employés de moins de 30 ans.

Il existe de nombreuses raisons pour lesquelles les gens n'obtiennent pas le retour d'information qu'ils recherchent : cela prend du temps, il est stressant de donner un retour d'information constructif et, au début, ce n'est pas facile.

Cependant, en vous concentrant sur la mise en place d'une culture du retour d'information axée sur les employés, vous pouvez faire tomber certains de ces obstacles. Avec l'aide d'un encadrement, ainsi que de formations et de ressources supplémentaires, vous pouvez créer un processus dans lequel les employés peuvent échanger librement leurs commentaires avec n'importe qui au sein de l'organisation.

En bref, le retour d'information est une monnaie d'échange

importante dans la vie professionnelle, et améliorer la façon dont vous recevez et donnez du retour d'information, et dont vous vous engagez dans des choses comme les boucles de retour d'information, améliorera sans aucun doute votre communication globale sur le lieu de travail.

Chapitre 5 : Faites un suivi avec des notes efficaces et des attentes professionnelles claires

Prendre des notes de réunion est une aptitude sous-estimée qui peut renforcer vos performances professionnelles et améliorer l'organisation, l'écoute active et l'innovation. Elle peut même vous aider à gérer vos relations.

C'est pourquoi il est surprenant que de nombreuses personnes ne prennent pas du tout de notes. Et souvent, ceux qui prennent des notes ne notent pas les éléments importants. Au lieu de cela, ils griffonnent comme des pros ou notent des informations non pertinentes parce qu'il est difficile d'écouter activement et de prendre des notes en même temps.

Qu'il s'agisse d'une grande séance de brainstorming, d'un entretien avec un client ou de réunions avec votre équipe, les notes de réunion vous aident à vous souvenir de plus de détails sur les réunions et les personnes qui y participent - et, au final, vous permettent de mieux faire votre travail.

Ce n'est pas un mauvais compromis, compte tenu de ce que la plupart d'entre nous pensent des réunions.

Nous allons passer en revue sept étapes pour prendre de meilleures notes de réunion :

1. Soyez de la vieille école - et utilisez vos propres mots

Comme la poule ou l'œuf, c'est une question fondamentale : dois-je utiliser un cahier papier ou une application numérique de prise de notes ?

Dans un article de la Harvard Business Review, Alexandra Samuel plaide avec force pour la prise de notes numérique. Elle affirme que la prise de notes à l'aide d'une application telle qu'Evernote constitue l'utilisation la plus efficace du temps et permet une récupération ultérieure rapide et facile.

Mais tout le monde n'est pas d'accord. Selon Maggy McGloin, une autre collaboratrice de la Harvard Business Review, des recherches ont montré que la prise de notes analogique présente des avantages concrets. Dans une étude, les chercheurs ont constaté que les preneurs de notes numériques prenaient des notes plus longues, de type « transcription », que les preneurs de notes manuscrits, et obtenaient des résultats nettement moins bons aux questions conceptuelles ultérieures.

Même lorsqu'il était explicitement demandé aux participants de ne pas prendre de notes mot à mot, les dactylographes continuaient à écrire de manière « semblable à une transcription ». Alors que la dactylographie encourage la transcription irréfléchie, l'écriture manuscrite nous pousse à créer des notes plus succinctes et à distiller les informations pour une meilleure compréhension.

L'utilisation d'un ordinateur portable ou d'une tablette vous expose également à davantage de distractions, comme vérifier votre flux Twitter ou voir les nouveautés sur Facebook. Il est surprenant de constater que la navigation sur le web d'une personne peut avoir un impact négatif sur l'apprentissage de ses voisins. Dans une étude, les étudiants qui pouvaient voir l'écran de l'ordinateur portable d'une personne multitâche - en l'occurrence, consulter les horaires de cinéma - ont obtenu des résultats inférieurs de 17 % aux tests de compréhension par rapport aux étudiants qui n'avaient pas cette distraction.

Personnellement, je suis un utilisateur de bloc-notes analogique - je trouve qu'il est beaucoup plus facile de se concentrer et cela m'oblige à traduire les informations dans ma propre sténographie. Parmi les autres preneurs de notes de la vieille école, citons Bill Gates, qui préfère un carnet jaune, et George Lucas, qui porte un carnet de poche.

Mais même si vous ne pouvez pas vous séparer de votre ordinateur portable ou de votre tablette, évitez de transcrire mot à mot. Entraînez-vous non seulement à écouter, mais aussi à traiter ce qui est dit et à utiliser vos propres mots.

2. Soyez méticuleux avec la structure

Un autre point à prendre en compte avant de noter quoi que ce soit : la façon de structurer vos notes. L'utilisation d'une méthode d'organisation cohérente est essentielle pour se référer à vos notes par la suite.

Le Journal of Reading a comparé différentes méthodes et a constaté que les notes les plus rigoureusement structurées - avec un ordre hiérarchique et des sous-sections numérotées - obtenaient les meilleurs résultats en termes de qualité et de précision. La deuxième meilleure méthode était celle à deux colonnes, dans laquelle les rédacteurs utilisaient la colonne de gauche pour les nouvelles informations et la colonne de droite pour les points de suivi et les thèmes clés.

Tim Ferriss ne jure que par l'indexation, qui consiste à numéroter manuellement les pages d'un livre ou d'un cahier et à créer un index rapide et facile à consulter des sujets à l'intérieur de la couverture avant ou arrière.

Maria Popova, créatrice du très populaire du site Brainpickings.org, lit de nombreux livres chaque semaine et intègre ses connaissances dans des articles de blog quotidiens.

Elle est capable d'appréhender le concept d'un livre entier à une vitesse fulgurante en utilisant une méthode d'indexation. Comme elle l'a expliqué à Tim Ferriss, Popova crée un index alternatif sur la dernière page (généralement vierge), où elle note les idées importantes au fil de sa lecture. À côté de ces idées, elle énumère les pages où elles apparaissent. Ensuite, Popova utilise ces notes analogiques, basées sur des idées plutôt que sur des mots-clés, pour synthétiser un livre une fois qu'elle est prête à écrire à son sujet.

J'utilise autant de techniques d'organisation que possible - indexation, titres, numérotation et puces. Je laisse également une marge pour mes questions, observations et étapes d'action - ce qui m'amène à ma stratégie suivante.

3. Notez vos questions et vos idées

Quelle que soit la structure que vous choisissez, laissez toujours de la place pour vos réflexions personnelles. Sabina Nawaz, Global CEO Coach, recommande d'utiliser de larges marges, où vous pourrez noter « vos idées, jugements, réfutations et questions sur chacun des points que vous avez notés ». Nawaz explique :

« En les marquant sur le côté, vous séparez vos propres pensées de ce que les autres disent ».

Cette technique vous oblige non seulement à vous engager continuellement et à analyser les informations que vous recevez - ce qui favorise l'apprentissage et la compréhension, plutôt que la transcription par cœur - mais elle vous permet également d'organiser les futures questions de suivi et les plans d'action.

Dès que je termine une réunion ou une conférence, je passe en revue mes marges et m'envoie par e-mail une liste des prochaines étapes, comme un e-mail à rédiger, un rendez-vous à prendre ou l'inspiration pour un article à écrire. De cette façon, je m'assure que je transforme mes nouvelles idées en plans d'action.

4. Enregistrer le comportement non verbal

Un collègue vous dit : « Nous sommes prêts à présenter notre nouveau produit à l'entreprise la semaine prochaine ». Mais son langage corporel - une agitation nerveuse et un regard inquiet - ne communique pas beaucoup de confiance. Dans cette situation, notez vos observations et faites en sorte de les évoquer plus tard.

« Hey Neil, tu as dit que tu étais prêt tout à l'heure, mais je me demandais si tu voulais bien me faire la présentation et régler les problèmes ».

Nous communiquons beaucoup avec des comportements non verbaux, notamment notre langage corporel, notre comportement et notre affect. Selon Patti Wood, experte en langage corporel et auteur de Snap : Making the Most of First Impressions, Body Language, and Charisma, dans une interaction en face à face avec une seule personne, vous pouvez échanger jusqu'à 10 000 signaux non verbaux en moins d'une minute - probablement plus que nos seuls mots.

Parfois, ce qui n'est pas dit est tout aussi précieux que ce qui l'est. Par exemple, si je fais une présentation et que je reçois des grillons lorsque je demande des questions, cela peut indiquer que j'ai fait un excellent travail. Mais cela peut aussi signifier que mes collègues ne sont pas disposés à remettre en question mon point de vue. Et comme je l'ai déjà écrit, un conflit sain est essentiel pour la croissance et l'innovation d'une organisation.

Le comportement non verbal peut révéler un problème qui doit être traité immédiatement. Investir un peu plus dans l'enregistrement et le traitement de ces observations peut vous faire gagner du temps.

5. Réviser plus tard

La prise de notes a deux fonctions : organiser et stocker le nouveau contenu et encoder cognitivement ce contenu. En d'autres termes, c'est un moyen de stocker et d'apprendre de nouvelles informations. Cette fonction de stockage physique est inutile si vous ne relisez pas vos notes plus tard et ne réfléchissez pas à ce que vous avez écrit.

Les recherches sur les performances des étudiants aux tests soulignent l'importance de la révision. Une étude réalisée dans les années 80 et publiée dans le Teaching of Psychology Journal a révélé que les étudiants se trompaient aux examens non pas parce qu'ils avaient pris de mauvaises notes, mais parce qu'ils ne les relisaient pas au préalable.

Bien que vous ayez probablement dépassé l'époque du bachotage pour les examens, se souvenir de ce que vous avez appris est tout aussi important, sinon plus, pour votre carrière, car il n'est plus intéressant d'oublier les nouvelles informations dès que nous avons fini d'être testés.

Comme l'écrit Richard Branson :

« Ne vous contentez pas de prendre des notes pour le plaisir de prendre des notes, parcourez vos idées et transformez-les en objectifs réalisables et mesurables. »

C'est pourquoi je bloque du temps sur mon calendrier au moins une fois par semaine pour relire mes notes - de réunions, conférences, appels, etc. En tant que PDG, il y a rarement un moment dans ma journée où je n'ai pas noté quelques idées.

6. Préparez également des notes avant les réunions

Un dernier conseil : n'arrivez jamais les mains vides à une réunion. Pour maximiser l'efficacité, préparez toujours des notes à l'avance, notamment sur les sujets à aborder, les questions et les mesures à prendre.

Sheryl Sandberg, directrice de l'exploitation de Facebook, en est le meilleur exemple. Dans un profil pour Fortune, Miguel Helft écrit :

« Ses journées sont rythmées par les réunions qu'elle organise à l'aide d'un carnet à spirale résolument non numérique. Elle y inscrit des listes de points de discussion et de mesures à prendre. Elle les raye un par un, et une fois que chaque élément d'une page est coché, elle déchire la page et passe à la suivante. Si tous les points sont réglés après 10 minutes d'une réunion d'une heure, la réunion est terminée. »

Il s'agit peut-être du seul type de notes que vous n'avez pas besoin de conserver pour une révision ultérieure (à moins que vous n'enregistriez d'autres notes sur la même page).

Ensemble, ces stratégies de prise de notes peuvent vous aider à organiser vos réunions et à rationaliser votre journée de travail.

PARTIE III : LES MEILLEURES CONSEILS POUR CULTIVER LA DISCIPLINE ET AMELIORER SA PRODUCTIVITE

• •

• •

Chapitre 1 : Comment vivre à la dure

L'autodiscipline signifie vivre sa vie à la dure : résister aux tentations et à la récompense instantanée, afin de recevoir de plus grandes et meilleures récompenses à l'avenir. Il est sans doute plus facile d'éviter toutes sortes de désagréments et de se faire plaisir quand vous le voulez, mais en fin de compte, tout ce que vous obtenez de cette approche est un plaisir éphémère maintenant, au détriment de votre avenir, qui aurait pu être bien meilleur.

Considérez une personne de faible volonté qui, lorsqu'elle est confrontée à un défi, se retire immédiatement. Quelles sont les chances que cette personne accomplisse quelque chose de significatif dans la vie si sa valeur première est de se sentir à l'aise ? Comment cette personne va-t-elle gérer une crise qu'elle doit affronter ? Même un problème relativement banal peut devenir un obstacle insurmontable pour une personne qui a vécu une vie protégée et qui a toujours évité ce qui est difficile ou désagréable. On est donc d'accord qu'une bonne dose de discipline est essentiel pour tout succès dans la vie.

L'autodiscipline est un élément que les professionnels utilisent souvent pour obtenir un succès durable dans le temps. Quel que soit votre rôle ou votre secteur d'activité, l'autodiscipline peut vous aider à accomplir vos tâches efficacement. En apprenant les avantages de l'autodiscipline et comment la développer, vous pouvez améliorer votre vie professionnelle et réussir votre carrière.

L'autodiscipline est fondamentale car elle donne la possibilité de réussir professionnellement. Elle peut favoriser votre développement personnel et professionnel en vous aidant à établir une routine de travail et à rester responsable de vos objectifs. Une des principales caractéristiques de l'autodiscipline est la capacité d'obtenir des résultats positifs après avoir consacré du temps et des efforts à l'exécution de tâches. L'autodiscipline vous permet de prendre des décisions et de les suivre. Le maintien de l'autodiscipline est essentiel pour renforcer la confiance, l'estime de soi et la force intrinsèque, ce qui permet de mener une vie plus saine et plus productive, tant sur le plan personnel que professionnel.

L'autodiscipline au travail

Mais comment un manque d'autodiscipline affecte-t-il le

travail ?

Imaginez ceci. Un employé est en permanence au téléphone ou prend souvent des appels. Quels que soient ses efforts, il finit par être distrait au travail. Serait-il capable de faire son travail efficacement ?

Sans aucun doute, non !

Ici, la personne manque d'autodiscipline.

Les personnes qui sont disciplinées font tranquillement leur travail, restent concentrées et atteignent systématiquement leurs buts et objectifs.

Selon une enquête de Weber Shandwick, 87 % des employés indiquent que la discipline sur le lieu de travail a un impact majeur sur les performances professionnelles. Des études ont montré que les employés sans autodiscipline ont tendance à se comporter de manière contraire à l'éthique.

Ainsi, le manque d'autodiscipline peut entraver le travail des employés, entraînant une perte de productivité et des pertes pour l'entreprise.

Un grand manager observe le fonctionnement de ses employés et recherche des tendances parmi les individus et les groupes avec lesquels il collabore. Ainsi, en tant que dirigeant, votre objectif est d'identifier les employés peu autodisciplinés et ceux qui sont auto-motivés.

Souvent, le souci du détail d'un employé est ce qui lui permet de se développer véritablement. Il s'agit d'aller au-delà de la simple atteinte des objectifs et de fixer de nouveaux objectifs à court ou à long terme.

Pour de nombreux employés, un emploi ne consiste guère plus qu'à arriver à l'heure ou à faire ce que l'on attend d'eux. C'est au patron qu'il incombe de les aider à développer leur motivation.

C'est une question d'autodiscipline dans ce cas. Vous pouvez changer l'attitude de votre équipe vis-à-vis du travail en lui donnant un peu plus de dynamisme et une volonté plus forte de réussir. Cela aide également les professionnels à développer des habitudes bénéfiques qui mènent à leur réussite professionnelle.

Pourquoi l'autodiscipline est-elle importante ?

L'autodiscipline est importante car elle vous donne la possibilité de vous dépasser dans votre vie professionnelle. Elle vous aide à établir une routine de travail et vous rend responsable de vos objectifs en vous incitant à saisir des opportunités d'emploi avancées.

Les avantages de l'autodiscipline sont les suivants :

• Augmente vos chances de progresser dans votre carrière : une forte autodiscipline vous permet de visualiser vos objectifs et d'élaborer des plans pour les atteindre. Votre supérieur peut remarquer ces habitudes et vos performances professionnelles impressionnantes, ce qui peut l'amener à vous promouvoir ou à vous confier des projets plus importants.

• Réduit votre niveau d'anxiété et de stress : l'autodiscipline vous aide à rester sur la bonne voie pour atteindre vos objectifs personnels et professionnels. Elle vous empêche de prendre du retard ou de soumettre quoi que ce soit hors délai. Vous ne vous inquiéterez plus de devoir vous dépêcher pour terminer vos tâches à temps. Cela peut réduire vos niveaux d'anxiété et de stress et vous faire vous sentir plus détendu et à l'aise.

• Augmente votre confiance en vous et votre estime de soi : lorsque votre productivité est stimulée, il en va de même pour votre estime de soi, votre bonheur et votre confiance. Le fait d'atteindre régulièrement vos objectifs crée un sentiment de fierté et vous fait croire en vous, ce qui renforce votre confiance.

Comment développer l'autodiscipline

L'autodiscipline étant un comportement acquis, vous devez choisir de la développer. Il est important de se fixer des objectifs clairs et d'avoir un plan solide pour les atteindre. En sachant où vous allez, il est plus facile de rester concentré et d'éviter les distractions. Voici quelques étapes que vous pouvez suivre pour devenir autodiscipliné :

• Identifiez vos domaines d'amélioration

• Définissez vos attentes et fixez-vous des objectifs

• Poussez-vous à atteindre vos objectifs

• Mesurez vos progrès

• Récompensez-vous lorsque vous atteignez vos objectifs

• Tircz les leçons de la situation

- Identifiez vos domaines d'amélioration

Réfléchissez aux qualités et aux habitudes que vous aimeriez améliorer, comme réduire la procrastination au travail, créer un meilleur système de gestion des tâches ou organiser plus efficacement vos devoirs. Le fait de savoir ce que vous devez améliorer vous permet de développer et de mettre en œuvre un plan efficace pour vous améliorer. Si vous avez du mal à identifier les qualités à améliorer, demandez à vos proches collègues ou superviseurs de vous fournir un retour constructif basé sur ce qu'ils ont remarqué après avoir travaillé régulièrement avec vous

Chapitre 2 : Fixer un objectif

La plupart d'entre nous sont familiers avec l'idée d'une liste de tâches, d'un tableau d'affichage et de l'utilisation de rappels visuels de nos objectifs pour nous garder à la tâche. Cependant, saviez-vous que vous fixez des objectifs clairs et réalisables peut vous rendre beaucoup plus productif ?

Vous est-il déjà arrivé de faire une liste de ce que vous aimeriez réaliser et de la déposer pour ne vous en souvenir que des semaines ou des mois plus tard ? Vous vous dites : « Qu'est-ce qui s'est passé ? »

Si vous voulez apporter des modifications importantes à votre productivité, il y a une façon judicieuse de fixer des objectifs. La fixation d'objectifs doit être un outil méthodique, auquel on se réfère régulièrement, pour vous maintenir sur la bonne voie et vous éviter de perdre de vue ce que vous voulez accomplir.

Nous allons explorer différents types d'objectifs ainsi que des méthodes qui vous aideront à fixer des objectifs qui vous permettront d'atteindre vos objectifs et de devenir très performant.

- ***Pourquoi la fixation d'objectifs est-elle un facteur important de productivité ?***

Si la fixation d'objectifs est indéniablement importante, la fixation méthodique d'objectifs permet d'accroître la productivité.

Une étude a révélé que la fixation d'objectifs conduit à une amélioration d'au moins une mesure concrète de la productivité.

Il est important de noter que les types d'objectifs utilisés par les personnes très performantes sont spécifiques, plutôt que vaguement inspirants.

De nombreux enfants disent que leur objectif est de devenir un athlète professionnel. Peut-être voulez-vous devenir directeur général d'une société ou créer votre propre entreprise.

Ces objectifs ont l'air intéressants, et il est amusant de fantasmer et de parler de la vie merveilleuse que vous mèneriez une fois ces objectifs atteints. Malheureusement, une forme aussi simple ne signifie pas grand-chose.

Vos objectifs devraient vous donner une raison d'être pendant le processus, et une fois que vous les aurez atteints. De plus, ils doivent vous guider à chaque étape du processus, afin que vous sachiez précisément ce que vous devez faire.

- ***Les buts a long terme v.s les buts à court terme***

Il n'y a pas de norme pour déterminer ce qu'est un objectif à court ou à long terme. Il faut les considérer les uns par rapport aux autres. Il est clair que les objectifs à court terme ont des dates limites qui approchent plus rapidement que celles des objectifs à long terme. Les objectifs à court terme utilisent moins de temps.

Il existe un ordre que vous pouvez employer pour créer quelque chose d'utile pour votre système de productivité. En utilisant le bon système, vous pouvez diviser vos objectifs en objectifs à long terme et à court terme.

- ***Les buts à long terme***

Les objectifs à long terme sont agréables et passionnants. Ce sont les grands rêves qui font vibrer votre cœur. Ce sont les buts qui vous motivent lorsque les choses se font monotones ou difficiles.

Vous aimeriez peut-être posséder votre propre maison ou lancer votre propre entreprise.

Vos buts à long terme sont comme les destinations de voyage que vous avez encerclées sur une carte. Vous ne pourrez sans doute pas atteindre toutes ces destinations dans l'immédiat. Vous devrez probablement attendre un certain temps avant de vous rendre à la prochaine destination, mais vous planifiez chaque voyage.

- ***Les buts à court terme***

Les objectifs à court terme peuvent vous aider à fractionner vos objectifs à long terme. Lorsque vous construisez une maison, il est logique de construire certaines choses avant d'autres. Vous ne pouvez pas ajouter le toit sans les murs, et les murs nécessitent l'achèvement des fondations.

Vos objectifs à court terme ne sont peut-être pas aussi grands et grandioses que vos objectifs à long terme, qui sont plus excitants. Ils vivent au quotidien et constituent la « viande et les pommes de terre » de l'exercice de fixation des objectifs.

Contrairement aux objectifs à long terme, ils ne vous mettent pas forcément le feu aux poudres. Ils ne vous feront peut-être pas rêver du lendemain, mais ils n'en sont pas moins importants.

Les objectifs à court terme sont des étapes qui vous mènent

vers vos objectifs à long terme.

Ce chapitre a pour objectif de vous fournir d'excellents conseils sur la manière de fixer des objectifs pour augmenter notre productivité.

- ***Plus l'objectif est difficile à atteindre, plus la réussite est grande.***

Lorsque nous nous fixons un objectif, nous avons tous entendu le conseil de le rendre réalisable et je suis d'accord avec ce conseil. Toutefois, il peut être très facile de se fixer un objectif qui est réalisable et qui ne nous met pas vraiment au défi. Dans ces circonstances, il n'y a pas nécessairement de pression pour travailler de manière aussi productive que nous le pouvons.

Se fixer un objectif atteignable mais difficile nous incite à nous concentrer sur l'objectif, à réduire les distractions et à rechercher les moyens les plus efficients d'accomplir nos tâches. Cela est similaire à la loi de Parkison qui stipule que « le travail s'étend de manière à remplir le temps disponible pour son achèvement ».

- ***Plus l'objectif est spécifique ou explicite, plus les performances sont réglementées avec précision.***

Pour avoir un effet positif sur votre productivité, votre but doit être spécifique et clair. Un objectif spécifique peut être votre cadre décisionnel, vous aidant à définir où allouer le temps dont vous disposez pour le blogging.

Vous avez peut-être pour objectif d'écrire un livre électronique en 2022, ce qui cochera la première case en étant réalisable, mais il faut le définir davantage pour le rendre plus spécifique et plus clair. L'objectif pourrait plutôt être formulé comme suit : « écrire pendant la première heure de chaque journée de travail pour terminer mon livre électronique d'ici juin 2022 ».

Un objectif formulé de cette façon vous indique non seulement ce que vous voulez obtenir comme résultat, mais aussi comment le faire. Nous sommes si nombreux à perdre du temps chaque jour à tergiverser sur ce que nous devons commencer à faire, à perdre de précieuses minutes à décider ce que nous devons faire. Avec un objectif comme celui-ci, la décision est prise pour vous et vous pouvez vous mettre au travail.

- ***L'engagement envers les objectifs est d'autant plus important que les objectifs sont spécifiques et difficiles.***

Il ne suffit pas de fixer son objectif pour s'assurer que l'on va travailler avec efficacité pour l'atteindre, il faut s'engager entièrement, surtout s'il s'agit d'un défi. Votre objectif doit être en accord avec vos valeurs et vous devez considérer qu'il vaut la peine de travailler dessus.

Si vous choisissez tout simplement un objectif tel que la rédaction d'un livre électronique ou le lancement d'un podcast parce que c'est la tendance actuelle dans la blogosphère, votre engagement envers cet objectif ne sera peut-être pas assez fort pour vous permettre de surmonter le dur labeur nécessaire pour atteindre votre objectif. Nous sommes également beaucoup plus susceptibles de reporter les choses et de nous laisser distraire par les médias sociaux ou par des tâches urgentes mais non importantes, si nous ne sommes pas déterminés à atteindre l'objectif que nous nous sommes fixé, ce qui réduit considérablement la productivité.

- ***La définition d'objectifs est plus effective lorsqu'il y a un retour d'information***

Si vous vous fixez un objectif mesurable, vous pourrez obtenir un retour d'information sur vos progrès en cours de route. La mise en place d'un processus de suivi et de contrôle vous permettant de suivre le retour d'information peut vous inciter à modifier vos méthodes de travail si besoin est.

Dans l'exemple de la rédaction d'un livre électronique, la conception d'une simple feuille de calcul permettant de suivre le nombre de mots que vous écrivez au cours d'une session d'une heure, ainsi que des notes ponctuelles sur la qualité, l'environnement, l'ambiance de la session, etc.

Vous pouvez utiliser les tendances ainsi observées pour augmenter votre productivité. Vous constaterez peut-être que vos meilleures sessions se produisent lorsque vous travaillez hors ligne, avec un casque sur les oreilles et un café à la main. Reproduire chaque jour vos meilleures conditions de travail serait un moyen facile d'augmenter votre rendement.

Les objectifs stimulent la planification.

La planification n'est pas quelque chose qui vient automatiquement à tous les blogueurs, mais si vous vous êtes fixé un objectif exigeant, vous serez poussé à planifier la manière dont vous allez l'atteindre. Avec un plan sur lequel vous pouvez agir, vous serez toujours plus productif qu'en courant à l'aveuglette.

Le fait de diviser un projet de grande envergure en tranches de temps de travail vous évitera le sentiment d'accablement qui peut accompagner un objectif ambitieux. Si vous avez alloué du temps sur une base horaire à votre objectif, comme dans cet exemple, décomposez le travail en tranches horaires. Cela peut devenir le plan sur lequel vous travaillez chaque jour, ce qui vous fait gagner du temps, puisque vous savez exactement quelle tâche vous devez accomplir dans le temps qui vous est imparti.

Chapitre 3 : Comment surmonter la peur de l'échec

La peur de l'échec, implique la sensation que vous n'êtes pas ou ne serez pas assez bon, et que vous vous décevrez vous-même ou que vous décevrez d'autres personnes dans votre vie. C'est bien plus que la peur de mal faire une tâche, c'est une réaction globale à l'idée que vous ne serez pas à la hauteur. La peur de l'échec se traduit par une grande inquiétude, des pensées négatives et une réticence ou un manque de détermination à accomplir une tâche ou à atteindre un objectif.

Ces sentiments désagréables associés à la peur de l'échec existent sur un spectre allant de léger à grave. Lorsqu'elle est modérée, l'anxiété telle que la peur de l'échec peut être motivante, en apportant un stress positif et en encourageant les gens à persévérer et à atteindre leurs objectifs. Lorsqu'elle est sévère, elle peut interférer dans la vie et stopper les gens dans leur élan, les rendant incapables d'agir pour atteindre un objectif, et potentiellement conduire à d'autres formes d'anxiété, comme la peur du travail.

Mais nous ne devons pas avoir peur d'échouer. J'aime cette citation de Winston Churchill : « Le succès n'est pas définitif ; l'échec n'est pas fatal : c'est le courage de persévérer qui compte ».

Je ne veux pas que la peur de l'échec vous empêche de vivre la vie dont vous rêvez. Alors, parlons de ce qui provoque la peur de l'échec et des mesures pratiques que vous pouvez adopter, même en présence de la peur. Il est vrai que chacun nous est confronté à la peur de l'échec, nous avons sans doute tous une histoire différente autour de cette peur.

Voici une liste de raisons pour lesquelles bon nombre de personnes ont peur d'échouer.

• Le perfectionnisme : Souvent, nous ne désirons pas essayer quelque chose de nouveau parce que nous avons peur de nous sentir stupides ou de ne pas le faire correctement du premier coup. La clé pour vaincre le perfectionnisme est de se donner la permission d'être un novice.

• La Comparaison : il est facile de redouter l'échec parce que nous nous soucions tellement de ce que les autres pensent. Nous nous comparons aux personnes qui nous entourent au lieu de nous focaliser sur ce que nous voulons devenir.

• Un Traumatisme passé : nous portons tous des cicatrices de choses pénibles que nous avons connues. Vous avez peut-être peur de vous mettre en avant parce que vous ne voulez pas prendre le risque de répéter ce qui s'est passé la dernière fois. Mais comme le dit mon bon ami le Dr John Delony, « votre passé est un contexte, pas une excuse ». Nous ne pouvons pas blâmer notre passé pour notre présent - à un moment donné, nous devons tous choisir de faire des modifications dans nos vies.

• Systèmes de croyances : nos valeurs et nos croyances sont souvent intégrées en nous dès le plus jeune âge. Les habitudes de votre famille en matière de communication et de relations interpersonnelles vous ont formé plus que vous ne le pensez. Vous apportez à la table une perspective unique sur la vie. Et c'est une bonne chose ! Mais parfois, nos croyances peuvent nous freiner. Par exemple, si vos parents vous ont dit que vous n'étiez pas assez intelligent pour être un (remplir le blanc), vous pouvez avoir du mal à croire que vous pouvez accomplir de grandes choses, même en tant qu'adulte.

• Les pensées négatives : souvent, nous sommes notre propre pire ennemi ! Vous entendez probablement toutes sortes de mensonges décourageants dans votre tête sur qui vous êtes et ce que vous pouvez accomplir. Lorsque vous entendez ces voix, je veux que vous fassiez une pause et que vous remettiez en question ces pensées négatives. Au lieu de vous écouter, vous devez vous parler et remplacer les pensées négatives par des pensées positives.

• Lier votre valeur personnelle à vos accomplissements : il est facile pour vous de trouver un sens à ce que vous pouvez accomplir. Mais lorsque vous trouvez votre valeur dans ce que vous pouvez faire, l'échec devient dévastateur, car il reflète ce que vous êtes au fond de vous. Nous devons tous faire des efforts supplémentaires pour séparer notre sentiment de valeur personnelle de notre travail ou de nos objectifs.

Maintenant la question qui se pose est : comment surmonter la peur de l'échec ?

10 mesures pratiques que vous pouvez prendre dès aujourd'hui pour surmonter la peur de l'échec.

1. Reconnaître que la peur est normale.

Nous devons nous préparer à avoir peur lorsque nous faisons quelque chose de significatif, de stimulant ou de valable. La peur ne veut pas dire que vous faites quelque chose de mal - en fait, elle signifie probablement que vous faites quelque chose de bien. C'est parce que les bonnes choses de la vie comprennent généralement un certain risque, ce qui est effrayant.

J'avais une peur bleue en préparant mon tout premier événement Business Boutique. Toutes sortes de pensées se précipitaient dans ma tête : « Et si personne ne venait ? Et si mon discours ne marchait pas ? Et si tout le monde détestait chaque minute de l'événement » ? Après l'événement - qui s'est avéré être un succès - j'ai peu à peu commencé à remplacer la peur par la confiance.

Bien sûr, la peur fait encore surface chaque fois que je suis confronté à un nouveau défi effrayant, et je suis sûr qu'il en sera de même pour vous. Mais nous pouvons recadrer notre état d'esprit. Nous pouvons choisir de voir la peur comme un signe que nous faisons quelque chose d'audacieux, et non quelque chose de mauvais.

2. Donnez-vous la permission d'être un débutant.

Souvent, la peur nous retient d'aller de l'avant avec nos décisions et nos rêves parce que nous voulons être parfaits dès le départ. Nous voulons faire un home run, obtenir 100 au test, et donner une performance remarquable dès notre premier essai. Mais laissez-moi vous le dire : quand vous commencez quelque chose de nouveau, ce ne sera pas parfait. Et ce n'est pas grave !

Lorsque je suis devenu orateur, j'ai dû faire des présentations et des conférences devant des foules difficiles. Je me laissais distraire par certaines des choses que les gens faisaient dans le public. Je me sentais nerveux et, de temps en temps, je perdais le fil de mes pensées ou je trébuchais sur mes mots. Mais vous savez quoi ? Je devais commencer quelque part, et vous aussi.

En vous donnant la liberté d'être un débutant, vous pouvez mettre de côté votre désir d'être parfait et vous lancer. En faisant un petit pas après l'autre, chaque étape vous donne confiance et donne de l'élan à l'étape suivante.

3. Décidez d'apprendre de l'échec.

En 2020, les gens ont adoré la série documentaire The Last Dance, qui retrace la carrière légendaire de Michael Jordan et se concentre sur sa dernière saison avec les Chicago Bulls. L'un des grands thèmes de la série - et l'une des choses que j'admire le plus chez lui - est la façon dont il accepte ses échecs et en tire des leçons.

Michael Jordan déclare : « J'ai raté plus de 9 000 tirs dans ma carrière. J'ai perdu près de 300 matchs. Vingt-six fois, on m'a confié le tir de la victoire et je l'ai manqué. J'ai échoué encore et encore et encore dans ma vie. Et c'est pourquoi je réussis. »

Vous voyez, avec un bon état d'esprit, nous pouvons voir l'échec non pas comme un adversaire, mais comme un enseignant. Je vous garantis que toute personne qui réussit et que vous admirez, que ce soit dans le monde des affaires, du leadership, du sport ou en tant que père ou mère formidable, a connu beaucoup d'échecs.

La vérité est qu'il n'y a pas de vie sans risque. Mais lorsque nous décidons d'apprendre de nos erreurs, nous pouvons laisser nos échecs actuels alimenter nos succès futurs, tout comme Michael Jordan l'a fait.

4. Parlez à quelqu'un en qui vous avez confiance

L'une des meilleures choses que nous puissions faire lorsque nous avons peur est de parler à quelqu'un que nous connaissons et en qui nous avons confiance. Cela peut être un ami, un mentor, un pasteur ou un conjoint. La majorité du temps, nous restons bloqués dans nos têtes à propos de nos projets et de nos rêves. Nous sentons que nous sommes dépassés par les événements et nous nous sentons bloqués. Mais il y a quelque chose dans le fait de parler de ses peurs à voix haute qui les rend moins intimidantes.

De plus, si vous vous confiez à quelqu'un en qui vous avez confiance - quelqu'un qui vous aime - vous bénéficierez d'un éclairage et de conseils très utiles sur les prochaines étapes à suivre.

5. Demandez-vous, « pour qui je me bats » ?

Votre peur vous empêche de réaliser quelque chose de significatif - et il y a de grandes chances qu'elle freine également d'autres personnes qui vous sont chères.

Par exemple, disons que vous rêvez de créer une association à but non lucratif ou une entreprise, mais que ce rêve vous semble trop grand et trop effrayant pour que vous puissiez le réaliser. Je veux que vous fassiez une pause et que vous réfléchissiez à cette question : « Pour qui est-ce que je me bats ? »

Il y a de vraies personnes qui ont besoin de la solution, du produit ou du service dont vous rêvez. Et si vous choisissez de rester coincé dans la peur, ces personnes ne seront jamais bénies par ce que vous avez à offrir.

Même si vous êtes face à un objectif plus personnel, comme se mettre en forme ou travailler à une évolution de carrière, vous vous battez pour plus que vous-même. Vous profitez à tout le monde lorsque vous prenez soin de vous.

6. Donnez-vous plusieurs options.

Si la peur de l'échec vous retient de prendre une décision importante, réfléchissez à plusieurs options et évaluez chacune d'elles.

Disons que vous voulez faire un changement de carrière. Il peut être effrayant de quitter un espace familier et de se lancer dans l'inconnu, surtout si vous prenez un risque financier. Mais il y a une chose essentielle à garder à l'esprit : de bonnes informations conduisent à de bonnes décisions.

Faites vos recherches. Parlez aux gens qui peuvent vous mettre en relation. Donnez-vous plusieurs délais et plusieurs approches pour résoudre ce problème. Faites preuve de détermination et de rigueur et, au bout du compte, vous serez en mesure de prendre une décision éclairée, en toute confiance et non par crainte.

7. Demandez-vous : « Et si ? »

Lorsque vous évaluez un nouveau projet, une idée commerciale ou un objectif personnel, pensez au pire des scénarios. Posez-vous la question : « Et si mes pires craintes se réalisaient ? Est-ce que je survivrai ? »

Lorsque la réponse est oui, la décision n'est plus aussi effrayante. Vous savez que même si les choses ne se passent pas comme vous l'espériez, tout ira bien au bout du compte.

J'aime la façon dont Dave Ramsey le dit : « Une fois que je sais que je ne vais pas mourir en faisant cet appel - même si j'ai tort - cela me libère pour faire l'appel ».

Vous pouvez faire taire les chuchotements de la peur en

admettant que, si vous échouez réellement, le monde continuera de tourner. Et vous pouvez vous relever, vous en débarrasser, et recommencer avec une nouvelle perspective.

8. Reconnaissez le coût de ne pas essayer.

Suzy Kassem dit :

« La peur détruit plus de rêves que l'échec ne le fera jamais. »

Aïe. Vivre dans la peur a un prix. Cela vous fait perdre vos rêves, vos espoirs, vos projets et tout ce que vous avez envie de créer et d'être. Vous avez donc le choix : rester sur la touche ou prendre part à votre propre vie. Lève-toi et vas-y ! Oui, vous risquez de connaître quelques échecs de temps en temps. Mais vos rêves valent la peine de prendre le risque, mon ami.

9. Apprenez à vous adapter à la volée.

Nous avons tendance à craindre l'échec lorsque nous nous sentons bloqués dans une ligne de conduite spécifique une fois que nous nous engageons dans quelque chose de grand et d'effrayant. Mais en apprenant à être flexible et à s'adapter aux défis, nous pouvons échapper à l'échec ou atténuer le choc des erreurs que nous commettons.

Ce n'est pas parce que vous avez démarré dans une direction que vous devez continuer à aller dans cette direction. Vous n'êtes pas coincé. Quand ça n'avance pas, vous pouvez proposer quelque chose de nouveau. Vous pouvez vous arrêter, réinitialiser, changer d'avis, et faire un changement.

Quoi que vous vouliez faire - relever un défi physique, lancer une nouvelle entreprise, inviter quelqu'un à sortir avec vous - cela vous mènera sur un chemin que vous ne pouvez ni prévoir ni contrôler. Soyez prêt à changer votre approche et à progresser tout au long du processus.

10. Faites-le en ayant peur.

Rien ne fera taire la peur mieux que le fait de faire la chose dont on a peur. Au final, c'est à vous de vous engager dans la course, de monter sur scène, de lancer votre blog, de démarrer votre entreprise ou de vous lancer. C'est à vous d'aller de l'autre côté de votre peur. Ne cherchez pas à faire ce que vous voulez faire sans avoir peur. Faites-le en ayant peur. Il y a quelque chose de formidable qui vous attend de l'autre côté.

Chapitre 4 : Le dialogue positif avec soi-même

Vous ne pouvez être aussi productif par rapport à ce que vous vous dites tout au long de la journée.

« Vous avez déjà écouté votre chanson de motivation préférée avant une présentation ? Lorsque vous êtes en harmonie avec la musique et que vous écoutez attentivement les paroles, votre discours personnel se met en marche et vous pouvez passer de l'écoute à la vision de votre réussite », explique la psychologue organisationnelle Erica Megan Page, docteur en psychologie.

« Ce changement minuscule de votre état d'esprit peut avoir une influence sur vos comportements et vous conduire à être plus efficace que vous ne l'auriez été. La recherche par IRM a montré que les émotions positives affectent les centres de productivité du cerveau et stimulent les performances. »

Vous n'êtes pas convaincu d'avoir le temps d'évaluer votre dialogue intérieur lorsque votre liste de tâches s'accumule ? Réfléchissez-y à deux fois : cela peut vous faire gagner du temps, surtout si vous avez tendance à voir le verre à moitié vide au travail.

« Les situations qui entraînent des émotions négatives, comme la rumination et le dialogue intérieur négatif, dérobent littéralement des ressources aux zones du cerveau qui sont nécessaires pour être productif et les donnent aux zones qui nous aident à traiter les émotions », ajoute M. Page. En conséquence, les spirales de pensées négatives peuvent vous rendre moins apte à accomplir des tâches complexes comme le raisonnement et la planification. À l'inverse, l'utilisation d'un discours personnel édifiant pour susciter des pensées et des émotions positives peut libérer des ressources qui vous permettront d'accroître vos performances.

Comment un dialogue positif avec soi-même accroît la productivité

Voici comment cela se passe dans la pratique. Tout d'abord, le fait de se remonter le moral au lieu de s'en vouloir peut vous aider à être plus attentif et plus créatif dans votre travail.

« Nous sommes plus performants parce que nous sommes capables de trouver de nouvelles solutions ou de comprendre des perspectives différentes, mais aussi parce que nous sommes plus à même d'ignorer les distractions », explique Mme Page.

Et, selon elle, le dialogue positif avec soi-même (ou toute autre action ou situation qui engendre des émotions positives) augmente temporairement la capacité de votre mémoire de travail, la partie de votre cerveau chargée de filtrer les distractions et de vous permettre de rester sur la bonne voie pour vos livrables.

« Les dirigeants et les équipes devraient savoir que le dialogue positif avec soi-même peut être utile lorsqu'ils travaillent dans un milieu où les possibilités de distraction sont nombreuses », dit-elle.

Tirer parti du pouvoir du dialogue intérieur positif pour la productivité

M. Page recommande d'adopter les micro-affirmations pour engager un dialogue interne positif, ce qui a un effet positif sur la productivité. Vous pouvez même encourager votre équipe à faire de même afin d'alimenter un cycle vertueux de positivité.

Si vous vous demandez ce que sont les micro-affirmations et comment vous et vos coéquipiers pouvez les utiliser, ce sont des commentaires, des actions ou des affichages intentionnels mais subtils qui ont pour but de faire en sorte que les autres se sentent bienvenus, incités et soutenus.

« Elles peuvent amener les cibles à s'engager dans un dialogue interne positif à mesure qu'elles traitent les sentiments positifs associés au commentaire, à l'action ou à l'affichage », explique M. Page.

Il n'est pas étonnant que la reconnaissance par les pairs soit si puissante - elle contribue également à une meilleure perception de soi au niveau individuel. Soyez donc généreux avec vos éloges et laissez les effets contagieux des micro-affirmations se produire.

Les choses à faire et à ne pas faire en utilisant le dialogue avec soi-même pour augmenter la productivité

Vous êtes prêt à améliorer la qualité de votre dialogue avec vous-même ? Commencez par y prêter attention. Si vous constatez un dialogue intérieur négatif, n'essayez pas de le négliger. « L'ignorer, c'est garantir qu'il reviendra plus tard pour vous distraire », selon Page. « Au lieu de cela, reconnaissez-le pour ce qu'il est, écrivez-le pour le faire sortir de votre tête, puis pensez à une alternative positive pour le remplacer. »

Vous voudrez également éviter de vous dire des choses auxquelles vous ne croyez pas, car votre esprit ne sera pas convaincu et ressentira toujours le doute de soi. Vous vous direz que vous êtes le meilleur alors que vous êtes en retard sur un projet ne suffira pas. Choisissez plutôt des sentiments que vous pouvez approuver et qui sont basés sur la réalité, qu'il s'agisse de vous complimenter pour avoir fait de votre mieux ou d'énumérer vos récentes victoires.

Entraînez-vous chaque jour à prendre l'habitude de vous parler avec tendresse. Ainsi, lorsque vous aurez besoin d'un discours positif pour surmonter une tâche particulièrement difficile, vous serez prêt. Enfin, même si la création d'une culture d'équipe qui consiste à s'affirmer positivement les uns les autres est une excellente chose, ne vous fiez pas uniquement à la validation externe pour lancer votre dialogue positif avec des compliments. « Passez du temps à développer votre confiance en vous afin de pouvoir alimenter votre propre cycle vertueux », ajoute M. Page.

Chapitre 5 : l'importance de faire des pauses

Vous pensez peut-être que le secret de la productivité consiste à se mettre au travail et à se pousser à travailler jusqu'à ce que vous ayez coché tous les points de votre liste de choses à faire.

Mais la vérité est que travailler pendant huit à dix heures d'affilée n'est pas du tout réaliste. Et donc, si vous voulez vraiment en faire plus tout au long de la journée ? Vous devez prévoir du temps dans la journée pour vous éloigner du travail et faire une petite pause. Cela peut sembler contre-intuitif (la clé pour accomplir plus de travail est de faire des pauses ?), mais faire des pauses est un élément indispensable pour être productif. Mais pourquoi le fait de prévoir des pauses régulières est-il si favorable à votre productivité - et comment pouvez-vous tirer parti des pauses tout au long de la journée pour être plus productif ?

Faire des pauses peut aider à se concentrer

Vous est-il déjà arrivé de vous perdre dans une tâche au fur et à mesure que vous y travailliez ? Vous n'êtes pas le seul. Une étude réalisée en 2011 par des chercheurs de l'université de l'Illinois a révélé que les ressources attentionnelles diminuent lorsque vous effectuez une même tâche pendant une période prolongée - et à mesure que vos ressources attentionnelles diminuent, votre capacité de concentration diminue également. Mais cette étude a aussi montré que le fait de faire de brèves pauses dans une tâche permet de mieux se concentrer au fil du temps.

Par exemple, disons que vous avez une réunion de deux heures avec vos collègues de travail. Si vous essayez de passer ces deux heures sans faire de pause, vous aurez de plus en plus de mal à vous concentrer sur la réunion. Mais si vous prévoyez quelques pauses tout au long de la réunion (par exemple, une pause de cinq minutes toutes les 30 minutes), vous serez plus concentré et plus attentif pendant ces deux heures, et votre réunion sera plus productive.

On est donc d'accord que lorsque vous travaillez sur une seule tâche, il est de plus en plus difficile de rester focalisé à mesure que vous avancez dans cette tâche. Donc, si vous avez une tâche qui va prendre une bonne partie de votre temps, veillez à programmer des pauses régulières et à vous donner l'espace dont vous avez besoin pour rester concentré.

Faire des pauses améliore les performances

La productivité ne consiste pas seulement à faire les choses, mais aussi à les faire bien. Et si vous voulez bien faire les choses, vous devez faire des pauses.

Faire des pauses est lié à une meilleure performance au travail - et vous n'avez pas besoin de vous éloigner de votre liste de tâches pendant des heures pour améliorer votre performance ; il suffit de quelques minutes.

Une étude de 2018 a révélé que prendre des « micro-pauses » (par exemple, se lever de son bureau pour s'étirer ou faire une pause rapide pour prendre une tasse de café) augmentait l'effet positif au travail - ce qui, à son tour, améliorait les performances.

Alors, vous voulez non seulement en faire plus, mais aussi être plus performant ? Veillez à faire régulièrement de courtes pauses tout au long de la journée.

Faire des pauses peut vous aider à trouver des solutions créatives aux problèmes.

Lorsque vous êtes face à une tâche difficile, vous pouvez être tenté de continuer à vous pousser à travailler sur cette tâche jusqu'à ce que vous la compreniez et trouviez une solution. Mais les problèmes complexes exigent des solutions créatives - et la meilleure façon de puiser dans votre créativité pour trouver ces solutions ? En vous autorisant une pause dans cette tâche difficile.

Une étude réalisée en 2017 a révélé que le fait de passer d'une tâche à l'autre (c'est-à-dire de faire une pause dans la tâche en cours pour se concentrer sur autre chose) réduit la fixation cognitive et améliore la pensée divergente et convergente - des éléments essentiels à la créativité. Essentiellement, lorsque vous faites une pause dans une tâche, votre cerveau cesse de se fixer sur cette tâche et commence à penser de manière plus créative. Ainsi, lorsque vous reprenez cette tâche, il est plus facile de la considérer d'une manière nouvelle et créative, et plus facile de trouver une solution nouvelle et innovante.

Faire des pauses réduit le stress

Il est bien difficile d'accomplir des tâches lorsque l'on se sent complètement stressé et dépassé. Donc, si vous voulez augmenter votre productivité, vous devez trouver des moyens de réduire le stress.

Et un bon moyen de diminuer le stress au travail ? Faire des pauses.

Les recherches ont montré que les pauses peuvent contribuer à réduire le stress sur le lieu de travail - et moins vous êtes stressé au travail, plus il est facile d'accomplir des tâches. Ainsi, en prenant des pauses tout au long de la journée, vous pouvez mieux gérer votre stress et, ce faisant, augmenter votre productivité.

Améliorer la santé mentale

Le stress est l'un des signes les plus courants du surmenage, qui peut avoir des effets néfastes sur la santé. Selon des recherches menées par l'Anxiety and Depression Association of America, l'exercice peut contrer la dépression, le stress et l'anxiété. Faire quelques mouvements entre les heures de travail, comme se lever et se promener, peut vous aider à vous rafraîchir l'esprit.

Réduire la fatigue oculaire

Être collé à son téléphone pendant des heures nuit à vos yeux. En particulier pendant le COVID, nous passons tout en ligne et nous devons fixer tous nos appareils numériques toute la journée. Cela se produit également lorsque l'environnement est peu lumineux. Selon MedicineNet, cela peut provoquer des maux de tête, des douleurs oculaires, une vision floue, etc. Il a toujours été recommandé de faire des pauses et de regarder les objets de loin.

Réduire les douleurs au cou et au bas du dos

Comme pour la fatigue visuelle, lorsque vous restez dans la même position pendant des heures, cela peut créer des tensions musculaires et d'autres problèmes de santé à long terme, notamment des douleurs lombaires, l'obésité, des douleurs au cou et aux épaules, etc. En revanche, lorsque vous intégrez des pauses de marche ou d'étirement, cela améliore la souplesse, réduit les raideurs et améliore la posture.

Conseils pour améliorer les pauses au travail

Faites des pauses plus longues, plus tôt dans la journée

Faire une pause avant que le corps et l'esprit ne soient complètement épuisés fait le plus grand bien. Il est courant de faire les premières pauses de la journée au moment du déjeuner ou au milieu de l'après-midi, lorsque la somnolence et le manque de concentration commencent à se faire sentir. L'université Baylor a constaté qu'il était préférable de faire une pause plus longue le matin (même si c'est votre heure de productivité maximale), entre 10 et 11 heures. En fin de compte, c'est ce qui vous convient le mieux. Expérimentez avec votre emploi du temps et repérez les meilleurs moments pour travailler à tête reposée ou faire une pause plus longue.

Déconnectez-vous du travail

Le fait de ne plus penser à votre travail vous aidera à vous ressourcer et vous serez mieux à même de vous concentrer lorsque vous retournerez à votre bureau.

Il est essentiel de faire quelque chose qui vous recharge pendant vos pauses. Voici quelques idées de pause au travail à essayer :

- Méditation

- Yoga ou étirements

- Lecture d'un livre

Effectuer une tâche rapide comme la lessive ou le déchargement du lave-vaisselle

Concentrez-vous sur le repas

Si vous prenez une pause déjeuner, rangez votre téléphone et laissez votre esprit se rafraîchir. Prenez un moment pour manger en pleine conscience. Concentrez-vous sur le goût, l'odeur ou la texture de la nourriture. Ralentissez et savourez ! Prenez un moment pour exprimer votre gratitude pour tout ce dont vous êtes reconnaissant.

Changez de décor

Faites une promenade à l'extérieur ou allez dans un café. Un rafraîchissement physique vous aidera à vous rafraîchir mentalement.

Vous pouvez également prendre le temps d'embellir votre espace de travail ou de modifier un peu son agencement.

Faites une pause sieste

De nombreuses entreprises disposent de salles de sieste car la sieste améliore la productivité. Cela peut sembler contre-intuitif, mais une sieste est un ultime rafraîchissement.

Des siestes de 10 à 20 minutes conviennent à la plupart des gens. Si vous faites une sieste trop longue, vous risquez d'être réveillé par votre alarme alors que vous êtes dans un sommeil profond, ce qui peut nuire à votre productivité.

Socialiser

Parler à d'autres personnes peut vous aider à clarifier les choses dans votre esprit et à relever les défis auxquels vous êtes confronté aujourd'hui.

Socialiser pendant une pause peut également vous aider à vous ressourcer et à vous rafraîchir ! C'est aussi une excellente façon de s'éloigner de l'écran de l'ordinateur.

Faites des micro-pauses toutes les heures

Si vous vous demandez à quelle fréquence vous devez faire une pause au travail, sachez que même des pauses d'une minute peuvent faire la différence. Les intervalles standard sont une pause de 5 minutes toutes les 25 minutes ou une pause de 15 minutes toutes les 90 minutes. Au début de chaque heure, essayez de prendre un moment de pleine conscience. Marchez un peu, c'est bon pour vous.

Essayez différentes durées de pause et voyez ce qui vous convient le mieux.

Si vous sentez que vous avez besoin d'une pause, prenez-en une.

Les pauses au travail sont plus efficaces lorsque vous choisissez de les prendre. Écoutez votre corps ! Lorsque vous sentez que votre concentration faiblit ou que la fatigue se fait sentir, accordez à votre corps le repos dont il a besoin. Il est essentiel de découvrir ce qui fonctionne le mieux pour vous afin de profiter de tous les avantages des pauses au travail.

Faites ce que vous aimez pendant votre temps de pause. Vous le méritez bien !

CONCLUSION

Si vous êtes arrivés jusqu'à cette partie du livre il est bel et bien clair que vous êtes sur le chemin d'être super productif. Certes ce ne sera pas une tâche facile car vous aviez déjà des anciennes habitudes qui sont encrées en vous et pour les enraciner ce sera un long processus donc soyez patient avec vous-même.

Si vous souhaitez réussir dans votre carrière, il est indispensable que vous songiez à améliorer votre productivité. Comprendre l'importance de la productivité dans votre vie est essentiel et vous permet de fixer et d'atteindre plus facilement vos objectifs. Si vous êtes responsable d'une équipe ou si vous dirigez une entreprise, vous devez vous assurer qu'elle fonctionne aussi efficacement que possible. Des niveaux de productivité plus élevés dans tous les aspects de la vie assurent une meilleure utilisation des ressources disponibles. La productivité personnelle a un impact sur la qualité et la quantité des résultats que vous produisez. Il est donc crucial d'améliorer la productivité, car des niveaux de productivité plus élevés se traduisent par une meilleure vie personnelle et professionnelle. Elle vous permet d'accomplir beaucoup plus de choses en une période donnée.

Ainsi, avec une meilleure productivité, vous récoltez les avantages d'avoir plus de concentration, d'énergie et de temps pour d'autres activités, y compris les activités de soins personnels.

Ce livre regorge de plusieurs informations vous notamment les distractions qui détruisent la productivité, ainsi que d'innombrables astuces et conseils sur l'amélioration de la productivité dans le milieu du travail.